¡EL TOLETERO SAMMY!

Desde las calles de San Pedro de Macorís al plato del
estadio Wrigley, Sammy Sosa ha jonroneado su camino
hacia la cúspide de las mayores y su triunfal temporada
de 1998—cuando él y Mark McGwire lucharon por
superar la marca de los jonrones impuesta por Roger
Maris—ha sido lo mejor que le ha podido pasar al
béisbol en muchos años ¡Sosa! ilustrado con ocho
páginas de fotos, es una mirada actual a su vida, desde sus
humildes orígenes en su país natal de la República
Dominicana, a su 66 jonrón y su contribución a una
temporada que los seguidores de los Cachorros de Chicago nunca olvidarán. También examina el efecto que los
jugadores latinos han tenido en el béisbol profesional,
por qué la marca de Roger Maris ha sido inaccesible
durante más de 35 años, y cómo la pugna de los jonrones
de 1998 cautivó el corazón de los fanáticos y no-
fanáticos del béisbol. Pero sobre todo es la historia de
Sammy Sosa, un hombre casi tan famoso por su bondad y
generosidad como por el talento que le han convertido
en el héroe de los cuadrangulares y en un victorioso atleta
que ha devuelto la emoción al béisbol.

SIMON &
SCHUSTER

LIBROS EN
ESPAÑOL

SLAMMIN' SAMMY!

From the streets of San Pedro de Macorís to home plate in Wrigley Field, Sammy Sosa has slammed his way to the top of the majors, and his triumphant 1998 season—when he and Mark McGwire chased Roger Maris's home run record—has been one of the best things to happen to baseball in years! *Sosa!*, illustrated with eight pages of photos, is an up-to-the-minute look at his life, from his humble beginnings in his native Dominican Republic to his 66th home run, and his contributions to a season that Chicago Cubs fans will never forget. It's also a look at how Latinos have left their stamp on professional base-ball, why Roger Maris's record was untouchable for more than 35 years, and how the 1998 home run derby captured the hearts of fans and non-fans alike. But most of all, this is the story of Sammy Sosa, a man who is almost as famous for his kindness and generosity as he is for the talent that made him into a home run hero, and a winning athlete who put the excitement back into the game of baseball!

SIMON &
SCHUSTER

LIBROS EN
ESPAÑOL

SOSA!

·

BASEBALL'S
HOME RUN
HERO

·

P . J . D U N C A N

Libros en Español
Published by Simon & Schuster

SIMON & SCHUSTER
LIBROS EN ESPAÑOL
Rockefeller Center
1230 Avenue of the Americas
New York, NY 10020

SIMON & SCHUSTER LIBROS EN ESPAÑOL and colophon are registered
trademarks of Simon & Schuster Inc.

Manufactured in the United States of America

10 9 8 7 6 5 4 3 2 1

Library of Congress Cataloging-in-Publication Data is available.

ISBN 0-684-86342-1

Photos courtesy of Associated Press

Acknowledgments

•

I would like to thank the following people, all of whom made my task that much easier:

Everyone at Simon & Schuster, including the Managing Editorial, Production and Art Departments. A special thanks to my editor, Becky Cabaza, who was a delight to work with, and to her assistant, Carrie Thornton.

Barmak Vessali, for allowing me to pick his brain for baseball trivia.

Mercedes Lamamié, for her accurate rendering of the text into Spanish, for more readers to enjoy.

My dear friend and agent, Laura Dail, for her unwavering faith in me. Thank you, Laura, for bringing another fabulous bilingual project my way.

And finally my mother, whose constant support and encouragement see me through every project.

Thank you.

Contents

•

Contents

1

·

AN OLD GAME
WITH A NEW FLAVOR

Sammy Sosa steps up to the plate, the crowd roars, their anticipation undeniable, and chants of "SAMMY, SAMMY" fill the ballpark. The pitch is delivered, Sammy taps back, steps forward, and with a crack of the bat— going, going, gone! He hops up into the air, pumps both hands, and takes his ceremonial trot around the bases, for the 66th time in one season. Once across the plate, he taps his heart, for his fans, and blows two kisses, the first for his mother, the second for his friends and relatives back home in the Dominican Republic. This trademark has delighted more than one nation, and his story is one of which legends are made.

Today Sammy Sosa's life could not be further from what he experienced growing up in San Pedro de Macorís, in the Dominican Republic. He has a beautiful wife, Sonia, whom he met in 1990 in San Pedro de Macorís. Together they have four beautiful children, and they enjoy a comfortable life with homes in Chicago, Miami and the Dominican Republic. For this former shoeshine boy who worked the streets of San Pedro de Macorís at the young age of seven, trying to help his mother put food on the table, it seems like a fairy tale. Sammy Sosa's long journey from his hometown streets to baseball legend has not been without its challenges, all of which have contributed to Sammy's confidence and strength of character. Sammy Sosa is a product of his upbringing and of this journey. He is proof that courage and perseverance can overcome the erroneous belief that hardship always prevails.

It is Sammy Sosa's achievements combined with his positive image as a ball player that has taken him to the level of national hero and hero of the Americas. Sosa outwardly acknowledges his appreciation for the United States, a country that has given him the opportunities that have led him to the pinnacle of sports fame. He also openly and genuinely expresses his appreciation of his fans and all who have helped him get so far in life, and he does so in the many ways that he gives back to these people and to their communities. His bigheartedness and warmth are evident both on the field and off. The image of Sammy Sosa running in from right field to embrace Mark McGwire after he broke Roger Maris's record of 61 home runs in a season is one that will surely last for years; it is also the image that best captures the spirit of the 1998 baseball season and the home run race. Off the field, the right fielder's generosity and good nature extend across the United States, to the Dominican Republic, and beyond.

When this self-professed "little kid" steps into the batter's box, he brings with him his people, the people of the Dominican Republic and the people of all Latin America. They hang on Sammy's every swing of the bat. He has given hope to so many who live in conditions that Sammy once knew himself. Omar Minay, the Mets' assistant general manager, recognizes Sammy's importance as a role model in citing the "hope he has given so many people from all parts of the world that may come from Third World nations like Sammy has." One resident of San Pedro de Macorís speaks for his entire town when he says, "He's our hope. When we see what Sammy has done, things seem possible." Sammy knows that he is a role model and makes sure that everything he projects is positive. And while Sammy's fan base is largely Hispanic, his appeal reaches beyond his race. In Chicago, he is larger than life, but the entire nation is also behind him, cheering his successes.

For thirty-four years, Babe Ruth's record of 60 home runs had remained unreachable. For thirty-seven years, Roger Maris's mark of 61 home runs was seemingly untouchable. Mark McGwire's number 62 stood alone for 116 hours. And then Sammy Sosa tied it, tears streaming down his face, in front of a crowd of 40,846 fans. Often compared to outfielder and Hall of Famer Roberto Clemente, whose number 21 he proudly wears, Sammy Sosa had joined the company of baseball's greats. In less than one week, baseball's greatest individual record had been broken twice, and the nation wanted more.

Sammy Sosa's outstanding performance, both batting and fielding, throughout the 1998 season has led his team to where they had not been since 1989, the playoffs. Cubs catcher Tyler Houston says of Sosa, "Not only did he help turn the team around but he got everybody ex- cited." That excitement was infectious, and as he helped his team reach the playoffs while hammering home runs, he won the hearts of an entire nation in the process. The 1998 baseball season and the thrill of the home run chase will go down in history, not just for the records broken, but for the contagious sense of sportsmanship and joy that characterized it.

The 1998 season was a display of what the power of the home run together with the power of the human spirit are capable of producing. Sammy Sosa's exceptional talent, his consistent development as a ball player and his remarkable human qualities have united people of many different backgrounds. The uniqueness of the home run contest, Sammy's team triumphs, and his generous, selfless spirit have given baseball one of its finest seasons ever. Sammy has shown us how a competition should take place, played out with pride and appreciation. An intense competitor, Sammy is one ball player who never forgets that baseball is a game—and games should be fun.

Sammy Sosa is not only a sports hero—he is an immigrant success story and the source of pride and hope for millions of Dominicans and Latinos around the world. He brought a new flavor to America's pastime. "Every day is a holiday for me. I just wake up every day ready to go to the field and ready to do my job." He has done more than just that. Sammy Sosa has united the sport of baseball, and brought together people of different classes, races and countries in a celebration of the human spirit. This remarkable effect of one man's example will doubtlessly linger well beyond the season's end.

2

THE DOMINICAN TRADITION
OF BASEBALL

The importance of Latino ball players in the major
leagues today is unmistakable. Latino players, in fact,
account for around 20 percent of the total. While
baseball has always been regarded as America's pastime,
this has traditionally not implied Latin America but
rather just the United States. But Latin American countries such as Cuba, Nicaragua, Mexico, Venezuela and
Panama, and the Dominican Republic in particular, as
well as Puerto Rico, have a long and deep-rooted
connection with the sport of baseball. And not surpris-
ingly, many of baseball's greats have hailed from the
small nation of the Dominican Republic. Since the late
nineteenth century, when the Cubans first introduced the
sport to the Dominican Republic, baseball has grown
steadily in both popularity and importance in the country. It quickly became an integral part of Dominican
culture, representing an opportunity for many to escape
the extreme poverty of their nation, a dream that young
people could rest their hopes on, a dream for a better life.
The tradition of baseball in the Dominican Republic is a
tradition rooted in these hopes and dreams, a tradition
that is the source of immense pride for the nation and
which defines it and its people.

Not only is Sammy Sosa a baseball hero, but he is a Dominican hero as well and a product of this long tradition. He is the source of pride of not just one nation but of all Latin American nations, an inspiration to so many young people who are following, and will continue to follow, just as he did, the beloved tradition of baseball in the Dominican Republic.

The history of baseball in the Dominican Republic began long before Sammy Sosa was swinging his makeshift bat in the streets of San Pedro de Macorís. The sport of baseball was first introduced to the island at the end of the nineteenth century. Cubans who were fleeing the violence in their homeland sought refuge on the island of Hispaniola, the eastern two-thirds of which was the Spanish colony of the Dominican Republic. French-ruled Haiti comprised the remaining third of the island. The Cubans eventually made their way to the eastern part of the island, finding there an environment much like what they were accustomed to. They brought their expertise in the growing of sugarcane, and established a sugar industry. They also brought the sport of baseball. Baseball proved to be a sport very compatible with the sugarcane industry, since during the six months that it took the sugarcane to grow baseball proved to be an inexpensive and convenient way to pass the time. Baseball had just begun to make its way into the lives of all Dominican people.

By the time the dictator Rafael Trujillo took over in 1930, baseball had grown from a loosely self-organized group of clubs into a semi-professional organization with four well-established teams. Trujillo had a definite impact on the sport, and most knew that upon his arrival baseball and politics were sure to become entangled. While not a fan of baseball, Trujillo knew that it was good for the people and the nation. As long as they were engrossed in watching baseball games, they would not pay attention to the politics of the country. Dominicans themselves would even say that during the baseball season there was never any trouble. Any trouble that would come, would come after the season ended. And so, Trujillo supported baseball.

Of the four established teams in the Dominican league, Licey, Estrellas Orientales, Aguilas Cebaeñas and Escogido, it was the latter one that earned most favor with the President, as his son was an avid fan of the team. At this time, oddly enough, the composition of these teams was primarily non-Dominican. A few Dominicans appeared on the rosters, but foreign imports, including Cubans, many black players from the U.S. Negro Leagues, and white players from the major leagues who wanted to play winter ball dominated the lineups. Trujillo's character trait of not wanting to lose in any realm quickly manifested itself in the sport of baseball. Faced with a Cuban team that was the only team capable of beating the Ciudad Trujillo team (a team which had been formed by a combination of the best players from Licey and Escogido), Trujillo ordered the army to arrest all the Cubans the day before the game. He did so to avoid the defeat of a team that bore his name, Trujillo. This is one of many examples of baseball's secondary importance to Trujillo. His primary motivation behind his support of baseball lay in his desire to stabilize the government, and he realized that this would be a by-product of encouraging the sport. Beating other Latin American ball clubs was important to Trujillo for political reasons—it reflected progress, not stagnation, at home.

The sport was given an injection of life in 1935, when the Cincinnati Reds became the first major league club to visit the Dominican Republic. They defeated both Licey and Escogido, but the excitement of the Dominicans was as if they had won. Professional championships were held in 1936 and 1937. But the end of the 1937 season was also the beginning of a fourteen-year interruption in professional baseball in the Dominican Republic. The championships had been successful but costly, as a great deal of money had been spent bringing players in from the Negro and Cuban Leagues. After the 1937 championship, there was no money left. Not until 1951 did professional baseball resume in the Dominican Republic.

In the meantime, two very significant events had occurred that would change the course of baseball's future irrevocably. With his 1947 debut with the Brooklyn Dodgers, Jackie Robinson became the first black man to cross the color line in baseball, thus paving the way for other black and dark-skinned players from not just the Dominican Republic, but Cuba, Puerto Rico, Mexico, Venezuela and all other Latin American nations too, to now entertain the possibility of playing in the major leagues. This stimulus was in part responsible for the return of professional baseball to the Dominican Republic. For decades the Dominicans had formed part of a Caribbean league whose center was Cuba. Color did not matter in this league. Only in the United States was color an obstacle to inclusion and advancement. After Jackie Robinson's integration, major league scouts now began to look south to the islands and to Latin America for prospects, prospects that they had been watching for years but without any chance of recruiting into the league. The second event reinforced the impact of the first. In 1948, the Brooklyn Dodgers decided to hold their training camp in Ciudad Trujillo. The future of baseball was changing, and excitement for the sport and the possibilities it offered took on a new life among Dominicans.

By 1951, professional baseball had resumed in the Dominican Republic, and it was about to become a major point of departure to the major leagues. The Dominican league resumed summer play. Trujillo did not allow his players to go to the United States at this time, because the two leagues both played during the summer, and if he were to lose his players to the major leagues in the United States, the quality of baseball in the Dominican Republic would be adversely affected. The Dominican league, composed of the same four established teams, competed on this summer schedule from 1951 to 1954. In 1955, however, the decision was made to change over to a winter schedule, inviting major leaguers to attend. Trujillo realized that he could send the best Dominican players to the United States in the summer, thus increasing the positive image of his country, and then they could still return to play for their fans at home in the winter. Major league players would also be invited down to play in the Dominican Republic in the winter, and in this way a closer relationship with United States baseball could be encouraged. In the late 1950's, Trujillo approved the construction of three ballparks in Santo Domingo, Santiago and San Pedro de Macorís, Sammy Sosa's hometown. All stadiums were designed after Miami Stadium in Miami, Florida.

With the racial divide in baseball having been crossed, and the Dominican players now freed up in the summer months, dreams of playing for the major leagues abounded, and Latinos began to see their dreams within reach. In 1956, a milestone was achieved for Dominican ball players. Ozzie Virgil became the first Dominican to reach the major leagues. Virgil was a refugee who had gone to New York when he was very young. He was already a United States citizen, in fact, when he found himself playing for the New York Giants in 1956. He was traded to the Detroit Tigers two years later, becoming the first non-white player on that club.

The first two Dominicans residing in the Dominican Republic to be signed to play in the United States were ace pitcher Juan Marichal and heavy hitter Felipe Alou. Both were proof that dreams come true. Much like Sosa as a young boy, these two men grew up under extremely difficult conditions. Baseball had been a way out for them, a chance at a better life for themselves and their families. Both Marichal, who today is the Secretary of Sports in the Dominican Republic, and Alou were also the first Dominicans to play in a World Series, in 1962. Matty Alou had also joined major league play by this time, and joined his two countrymen on the San Francisco Giants. The Giants team of 1962 was the first team with a heavily Latino lineup to make it to the World Series. That lineup included Juan Marichal, Felipe Alou, Orlando Cepeda and José Pagan, who played almost every day, in addition to Matty Alou and Manny Mota. They lost the series to the New York Yankees, whose club had only two Latino ball players. Nevertheless, Marichal and brothers Felipe and Matty Alou were given a hero's welcome when they returned home to the Dominican Republic after the season. They had become national heroes—symbols of promise for their nation. By the end of the 1960's, the impact of Latino players in the major leagues was clear and undeniable.

While the situation for Latinos in baseball had improved drastically in the decade of the 1950's, now that they were accepted into the major leagues and actually being sought after to come to the United States, the playing ground was not even. Latino players were viewed as inexpensive imported labor, and to many there was an attitude that any Latino should be grateful for the opportunity to play in the United States and take whatever he was offered in compensation, since back home in the Dominican Republic he would never make any amount close to what he was making in the United States. Felipe Alou confronted this problem when after batting .316, the best average on the team that season, he was offered a raise of only $2,000. After some unpleasant negotiations, he was able to get close to what he wanted.

The image of Latino players in the major leagues has improved greatly, and now those who speak of race as a handicap seem to be in the minority. Salaries have escalated since the 1980's, producing a more even playing field in that sense, but also causing a change in the Dominican tradition of returning home to play ball for the fans during the winter season. Most major league Latino ball players do not need the relatively low pay that they would receive from winter ball in the Dominican Republic, and fewer and fewer Dominicans continue to play at home once they reach the major leagues. It is a reality that is difficult to argue with, as ball players are making millions of dollars to produce for their teams, and they simply cannot risk off-season play which could cause an injury and thus hinder or even end their careers.

While salaries increased, there were still those who viewed the Latino players as hot-tempered malingerers who did not know how to control their emotions in public. Juan Marichal felt that there was still some sort of bias that pervaded the league, at least when his eligibility came up for the Hall of Fame in 1981. As the National League's winningest pitcher from 1963 to 1969, any other player would have had no problem being elected. Marichal's vote, however, fell short, creating an outcry from the baseball world. He was finally elected into the Hall of Fame in 1983, and he dedicated the honor not only to all Dominicans but to all Latinos, claiming the honor as a triumph for all. Marichal went on to say,

"After I made it, I told them that if they had come to my country and seen where I grew up and how I grew up, and then thought about how far I went in baseball, I would have made it a long time ago." His story, similar to Sammy Sosa's, is one of inspiration and hope. He is a symbol today of the course that Dominican baseball has taken. The best Latin pitcher of his time, he proved that a Dominican could play in the majors *and* be the best. Marichal, like Sosa, had to improvise in order to play ball as a young boy. He made his own bats from tree branches, used canvas folded around a piece of cardboard for a glove and for balls, he took golf balls from the golf course and wrapped nylon socks around them. His determination and dedication served as a wake-up call to any easily discouraged Dominican.

Juan Marichal was one of many Dominicans who faced barriers, overcame them, and who deserve generous credit for their contributions to the success of Latinos in the major leagues today. The Alou brothers represent a family that deserves this same credit, a family that followed the same dream and continues to do so today. All three brothers, Felipe, Matty and Jésus, went on to have successful careers in the major leagues. Felipe is still heavily involved in the sport, as manager of the Montreal Expos. His son Moises plays for the Houston Astros, so continuing the baseball tradition. César Cedeño is another Dominican success story. Born in Santo Domingo, his major league career spanned from 1970 to 1986. During that time he was awarded the Gold Glove for fielding five times and appeared in four All-Star Games for the National League. Another Dominican success story hails from Sammy Sosa's hometown of San Pedro de Macorís. Pedro Guerrero's debut with the Los Angeles Dodgers in 1978 was the beginning of a career that would earn him the World Series MVP Award in

1981. Rico Carty was yet another product of San Pedro de Macorís who went on to make his mark in baseball. He debuted in the majors in 1963 and continued to play until 1979. Other Dominicans who have made their marks in the sport not long after the way was opened for them include Julián Javier, San Pedro de Macorís natives Joaquín Andújar and George Bell, Tony Peña, Tony Fernández and Junior Félix, among many others.

Sammy Sosa was nurtured by all that preceded him—a product of a tradition that was rooted in hard work, perseverance and a dream. With role models before him like his countryman Juan Marichal and other Latinos and blacks who broke down baseball's barriers, like Jackie Robinson and Roberto Clemente, Sosa knew what awaited him and knew that anything was possible. His is no less a success story because he is today's hero. His accomplishments are just as great as those who have come before him. His desire to escape the dismal economic reality of his native country was just as real as it was for those players who experienced those conditions previously, and his dream of playing professional baseball in the United States was and is the same dream. In a country that hasn't always welcomed immigrants with open arms, including many ball players who preceded Sammy Sosa, Sosa is a modern-day success story. His triumphs mark the beginning of an era that has seen baseball join the races in a far more harmonious relationship, an era of players and fans celebrating regardless of race, country or team. Like those who have come before him, Sosa has given hope to people not just from the Dominican Republic, but to people from all around the world, especially those from Third World nations, who need to see that it does not take a miracle but rather a dream and hard work.

The product of a tradition of baseball, Sammy Sosa has

become the symbol of a nation. He loves and embraces the United States, realizing that he has achieved so much because of the opportunities that he has been afforded here. But at the same time he is Dominican at heart. His top priorities are his family, his friends and his country. He is forever tied to the tradition that led him to be what he is today, an American ball player but a Dominican hero.

3

SAN PEDRO DE MACORÍS— WHERE IT ALL BEGAN

The long journey for Sammy Sosa began on an island eight hundred miles south of Florida, in a city on the southeastern coast of the island of Hispaniola. With a population of 125,000, San Pedro de Macorís is the fourth largest city in the Dominican Republic. Famed for producing talented Latino players for the U.S. major leagues—the city, in fact, contributes roughly one-third of all the Dominicans who have reached the majors—San Pedro de Macorís welcomed one more star to be: Sammy Sosa, on November 12, 1968.

Sammy was the fifth of six children, four boys and two girls. Conditions in San Pedro de Macorís were poor, much like they were in other parts of the country, a situation that has not changed much to date. Approximately two-thirds of the Dominican population are living at the poverty level today. While extremely poor, the spirit of the people is rich. As in other Latin American towns, much of people's lives takes place in the street, and there is an atmosphere in San Pedro de Macorís of happiness, despite the many deficiencies. Street vendors shouting out their bargains of the day, merengue music blaring, men sitting outside a neighborhood cantina talking the afternoon away or playing dominoes, laundry hanging out to dry for all to see and motorbikes zipping through the dusty streets—these are all images of San Pedro de Macorís and many other towns and cities throughout the Dominican Republic. Characteristic of many Dominican towns and cities is this extreme poverty disguised by the bustling street life and a people who cheer any fellow countryman's victory as if it were their own, a people intensely loyal to their family and friends and passionate about their baseball and their heroes. In Sammy's hometown of San Pedro de Macorís there is a Little League–size field nestled between the residential buildings. This neglected old field, known as "Mexico" by major league talent scouts, would become a launching pad to the major leagues for many driven young Dominican boys, including Sammy Sosa. Third World in terms of living standards, perhaps, but first-rate in terms of talent, the city of San Pedro de Macorís is legendary for the baseball talent that it has given the world. Dreams of baseball and of another life pervade this city where Sammy Sosa was born and where he too, with those same dreams and goals, would become legendary.

Like many fellow Dominicans, Sammy Sosa grew up in a family plagued by financial problems and without any assurances or guarantees for the future. Sammy lived with his parents and his five brothers and sisters in a tiny two-bedroom apartment in the back of a converted hospital. He slept on the floor. His father, Juan Montero, plowed the fields for a living. But when Sammy was only seven years old, his father died, leaving the family with even greater difficulties to surmount. His mother, Lucrecya, cooked meals for factory workers in order to try and feed her children, but her earnings were not sufficient to provide for her family. She needed the help of her children to ensure that there would be food on the table for all.

Sammy soon took to the streets with his brothers, looking for any kind of honest work so he could bring home a few extra pesos. Like the poor in his country today, he did whatever he could—sold oranges, washed cars, shined shoes—whatever it took to help his mother. He had his own shoeshine box filled with shoe polish that he carted with him as he walked the streets in search of clients who would pay him two pesos for a shine. He worked in the center of town, along the beach, wherever he was able to find paying clients, his shoeshine box doubling as a stool for the client's feet. Sammy's childhood had disappeared before he was even a teenager. He had been forced by the realities of poverty in the Dominican Republic to adopt a way of life that would help him and his family to survive. While they were not unhappy, there was no escaping the poverty they lived in. Even though Sammy and his brothers worked hard on the streets to bring in the few extra pesos they could, they knew that this was never going to be enough to remedy their plight more than temporarily. "There is no way to make money quickly to help your family unless you are a ball player or a singer," Sosa says. The reality was clear, and so were the options.

Everyone in the Dominican Republic knew how baseball had changed the lives of so many Dominicans, like Juan Marichal, the Alou brothers, and many others. These heroes made it possible to believe that their success could happen to anyone. They were living examples of struggling and striving that led to success, stardom and an escape from the daily poverty they had all known firsthand. The dream was obvious; but given the dire conditions that many Dominicans experienced, including Sammy and his family, reaching that goal was another matter altogether. Desire alone would not be enough to rise above the level of poverty that Sammy and his family knew; it would take a combination of this desire to help his family and an innate talent for the sport, perhaps even with a little luck thrown in, to result in the combination that would soon have Sammy heading north for the big leagues.

The extreme poverty in the Dominican Republic was offset by an equally extreme passion for the sport of baseball. Almost everyone in San Pedro de Macorís knew someone or had a relative who was trying to better their lives by making it to the big leagues. While most knew that the odds were against them, those Dominican ball players who had found their way out of San Pedro to the United States were inspiration enough for many. Also, Sammy's hometown had already earned a reputation for producing skilled ball players, and scouts from the major leagues often traveled to San Pedro de Macorís in their search for new talent to sign.

Unlike other young boys Sammy's age, he did not start playing baseball until he was fourteen years old, an age by which most boys have already developed their basic skills and talent. Sammy's late start was due, no doubt, to the reality of his family situation, and while other boys his age were able to play outside with their friends, Sammy, at the age of seven, was on the streets, trying to help his mother support their family. Sammy had also been more drawn to boxing, the other popular sport in the Dominican Republic, and so had not given baseball as much thought. It was one of his older brothers who eventually urged Sammy to start playing baseball. Once he had been convinced, Sammy had to be creative, like Juan Marichal and others who preceded him. Not having the money to afford the luxury of standard equipment, he used his resourcefulness to improvise what he needed. He created a glove from a milk carton, and a tightly wound sock served as his ball. Any solid stick he could find would be used as his bat. And so, Sammy and his buddies would play on the dusty streets of San Pedro, hoping, no doubt, to be spotted by some passing scout, either local or American, who was on his way to that ballpark called "Mexico." Sammy did not have the money needed to go to the city ballparks where the local teams played; his game remained, for the time being, in the streets of San Pedro de Macorís. Inadequate as the playing field was, and shabby and inferior as his equipment was, Sammy's hopes were urged on by the many Dominican baseball heroes who had hailed from those same streets, many of whom had been in predicaments identical to his and had succeeded when naysayers told them that they would not.

Sammy Sosa's first real break did not come by way of a major league scout discovering him on the streets of San Pedro de Macorís but rather by way of an American businessman who owned a factory in San Pedro. Bill Chase had been living in the Dominican Republic since 1979. He owned a factory in San Pedro, and he would often walk along the beaches with colleagues and stop to get a shoeshine. Chase encountered Sammy and his brothers' shoeshine stand near the beach one day. He was impressed with how hard the boys worked at their job and would return to them often to have his shoes shined. Chase began to bring them treats, which Sammy and his brothers would take home to their mother. He also began to give the boys extra pesos for their hard work. What had begun as a business relationship had developed into a friendship. Bill Chase had become a surrogate father to the boys, who had grown up with no male role model in their home.

Bill Chase was soon helping the boys in ways that would change the course of their lives. He gave one of Sammy's brothers a job working at his factory in San

Pedro, income that the family desperately needed. But what he gave Sammy was perhaps even more valuable. Having seen Sammy playing ball on the streets with his friends, Chase realized that he had a very special talent. "He had natural ability," Chase said. "This isn't like America where kids can play in Little League." Sammy needed to be given a chance, and Bill Chase was the one to give it to him. Chase returned from a trip to the United States with a present for Sammy, a baseball glove. Receiving the glove seemed to ignite Sammy's interest in baseball even more. He was encouraged to play by Chase, who believed in his natural talent.

The friendship between Bill Chase and Sammy Sosa that had begun on the beaches of San Pedro de Macorís is still very much a part of both men's lives today. And the talent that Chase saw in Sammy at the age of fourteen is now very much in evidence for not only San Pedro de Macorís to see, but for the world to enjoy as well.

Sammy Sosa's natural athletic ability with the bat and glove could not be and were not overlooked. Less than two years after his "papá" Chase had brought him the glove from the United States, Sammy's play was being noticed. Sammy's talents were spotted by an American scout, who immediately signed him with the Philadelphia Phillies. The contract would later be invalidated— Sammy was only fifteen years old—but he would not have to wait much longer to journey north. On July 30, 1985, and at the age of sixteen, Sammy signed his first valid professional contract, with the Texas Rangers as a non-drafted free agent. Baseball was about to change his life and that of his family beyond the recognizable. Sammy had left the poverty of San Pedro de Macorís, and his shoeshine box, behind forever.

Sammy Sosa grew up poor, in a city where all of life's

circumstances hindered his chances, and without a male role model at home he could emulate and learn from. His role models became those Dominican ball players who had come before him who had risen from situations similar to his and become successful, national heroes. Driven to better himself and his family's situation, Sammy was denied a childhood. The teenage boy who signed with the Texas Rangers at the age of sixteen was in fact a man, and he had been already for some years, a situation forced upon him by the harsh reality of life in the Dominican Republic. But at the same time he was a man who had a lot to learn. He would soon be faced with more of life's difficulties. He would be faced with another culture and another language, and he would not have the support of his Dominican friends or family to see him through the difficult times. He would have to adjust to living and playing baseball in the United States, and he would have to try to be understood in a language of which he spoke very little. His true journey was just beginning.

When he left San Pedro de Macorís in 1985, Sammy Sosa was embarking on a voyage that not even he could have envisioned. The young boy who dreamed of those legendary ball players turned hometown heroes who had played in "Mexico," that famous run-down field, was soon about to walk in their shoes. And like many other ball players before him who had left San Pedro de Macorís and the Dominican Republic for a chance to make a mark in the majors, he would not forget who he was and where he came from, nor would he forget his family and friends who helped him reach his goal. Sosa explains, "For the Dominican, our family comes first." He says that Latin American players who manage to make a living in the major leagues never forget where they came from or who they left behind. "They're always going to go back home to take care of 'my mother, my father, my cousin, my aunt'—everybody."

The importance of family in the Dominican social structure does not diminish with distance. He would never forget the generosity of a stranger, a gringo, Bill Chase, a father-figure whose affection and support would eventually shine through in Sammy's personality. Nor would he forget the negative—the lack of money and the impoverished conditions in which he lived, having to work so hard when other children his age were concerned only with playing. The Dominican Republic, its culture, its people, its essence, was and would remain the most important element in Sosa's life.

Sammy Sosa remains a product of the sum of all of his experiences, good and bad, Dominican and American. Who he is, his excellence as a ball player, his loyalty as a friend, his devotion as a son, husband and father, and his humble quality—all have their roots in his experiences in San Pedro de Macorís. Even as he sits atop the fifty-fifth floor condominium on Lake Shore Drive in Chicago that he shares with his wife, Sonia, and his four children, he is still the same scrappy kid who rose from the dusty streets of San Pedro de Macorís; his spirit is unchanged. He may have left the Dominican Republic in pursuit of a dream, but the end result of the journey begun that day in 1985 would be a giving back to his country and his people that would leave him even more closely tied to them than if he had never left.

4
•
THE RISE
OF A HERO
•

Sammy's long road from street kid to baseball hero of the Americas began with the Texas Rangers organization, in their minor league system. After signing as a non-drafted free agent in 1985, at the age of sixteen he embarked on what would be a rewarding journey, but a journey that would not be without its challenges. He gave his signing bonus of $3,500 immediately to his mother—the first of many gifts that Sammy would be able to give her throughout his career. What had once been just a dream—getting spotted by a major league scout and signing with a major league organization—had become a reality, but Sammy could not know, or even dare to imagine what lay ahead of him.

Sammy Sosa's rookie assignment was in Sarasota, Florida, with the Gulf Coast Rangers, the Rangers' rookie league affiliate. Adjustment problems emerged immediately. The new culture and different language made his new life in the United States a challenge. Like most Latino ball players who come to the United States, Sammy's level of English was poor. He had difficulties communicating with everyone. Sammy remembers well that early stage of his career. "The first time in the United

States it is a lot different because I had to communicate with my teammates and the people around me."

But Sammy soon figured out a strategy to survive. After practice and games he would go with his teammates to fast food restaurants. Not knowing how to order, he would repeat the order of whoever was in front of him. As a result, he often ate the same thing every day, but he had circumvented his English problem. He also grew more comfortable with other Latino players and was able to rely on them for assistance. "I got lucky because there were some Puerto Rican players who I hung out with. They helped me out a lot. This is the way that I was able to understand the life here in the United States. So after I had the opportunity to get past that transition, everything became easier."

Sammy Sosa's performance during his first season as a professional baseball player was respectable. He batted .275, homered four times, stole 11 bases and had 28 RBIs. He led the Gulf Coast League in doubles, with 19, and in total bases, with 96.

He played the 1987 season at Gastonia (A), where he was able to improve all his statistics notably. He raised his batting average to .279, hammered in 11 home runs, stole 22 bases and recorded 59 RBIs. He also reached a club high for runs scored, with 73. He was a mid-season South Atlantic League all-star.

The 1988 season, Sosa's third, was spent at Port Charlotte (A). Again his play was respectable, leading the Florida State League in triples, with 12, and reaching a career high in stolen bases, with 42. Sammy's talents were developing and emerging over the course of these early years, and it was clear that his speed and his power would be forces with which his opponents would have to reckon. And Sammy would soon have his opportunity to give the big leaguers a taste of what the future held.

Sammy Sosa saw his first major league action during the 1989 season. It was a year that had Sammy on the move, as he started with yet another minor league club and then would make major league appearances with two different clubs. Sosa opened the 1989 season playing with Texas's Tulsa (AA) club. The season started well. In the 66 games he appeared in for Tulsa, he batted .297, hit seven home runs, and recorded 31 RBIs. He was called up to the majors, and on June 16, Sammy Sosa made his major league debut with the Texas Rangers against New York, going 2 for 4. His first major league hit came against pitcher Andy Hawkins. Sosa pounded his first major league home run on June 21 off Boston pitcher Roger Clemens. On July 20, after only 25 appearances with the Texas Rangers and with a batting average of .238, Sosa was optioned to Oklahoma City (AAA). His stay in Oklahoma was short, and after playing only 10 games he was traded by the Texas Ranger organization nine days later to the Chicago White Sox organization. The trade sent pitcher Wilson Alvarez and infielder Scott Fletcher, along with Sosa, to Chicago in exchange for outfielder Harold Baines and infielder Fred Manrique.

July 29, 1989, would mark the beginning of what would be a long relationship between Sammy Sosa and the city of Chicago and Chicago baseball. The Chicago White Sox organization assigned him to Vancouver (AAA), where he batted .367 in 13 games. Less than one month later, on August 22, he was called up by the White Sox, and he made his debut that same night against Minnesota. He was 3 for 3, had one home run, two RBIs and scored two runs.

His outstanding major league play during the 1989 season moved Sammy Sosa's baseball career out of the minor leagues and into the Chicago major leagues. With the exception of a one-month visit to Vancouver (AAA) that would occur during the 1991 season, Sammy Sosa had established himself as a major league baseball player, four years after he had left the streets of San Pedro de Macorís in pursuit of a dream.

SAMMY SOSA'S MINOR LEAGUE BATTING STATISTICS

YEAR	CLUB	G	AB	R	H	2B	3B	HR	RBI	BB	SO	SB	AVG
1986	Gulf Coast-R	61	229	38	63	19	1	4	28	22	51	11	.275
1987	Gastonia-A	129	519	73	145	27	4	11	59	21	123	22	.279
1988	Charlotte, FL-A	131	507	70	116	13	12	9	51	35	106	42	.229
1989	Tulsa-AA	66	273	45	81	15	4	7	31	15	52	16	.297
	Oklahoma City-AAA	10	39	2	4	2	0	0	3	2	8	4	.103
	Vancouver-AAA	13	49	7	18	3	0	1	5	7	6	3	.367
1991	Vancouver-AAA	32	116	19	31	7	2	3	19	17	32	9	.267
1992	Iowa-AAA (injury rehab)	5	19	3	6	2	0	0	1	1	2	5	.316

Sammy Sosa played his first full season in the major leagues in 1990 for the Chicago White Sox. While Sosa had developed into a good hitter and excellent fielder in his minor league career, he brought with him to the major leagues an impatience and a free-swinging style that gained him a reputation. Discipline had not yet found its way into Sammy Sosa's game. During his first two years with Chicago, he quickly earned the reputation of being a selfish player, one who was only interested in his own statistics as opposed to the welfare of the team. This is something that Sammy recalls today and even jokes about: "I was trying to hit two home runs in every at bat." Sammy also had the reputation, however, of being a passionate player, someone who loved what he was doing and was grateful for what he had, especially given the circumstances from which he had come.

With this twofold reputation, Sammy finished his first full major league season with a batting average of .233. His numbers were mostly good. He recorded 26 doubles, 10 triples, 15 home runs, and had 70 RBIs and 32 stolen bases. He was the only American League player to reach double figures in doubles, triples, homers and stolen bases that season, and the 32 stolen bases placed him in the number seven spot in the league. He also ranked second among the American League outfielders with 14 assists.

The number that was not quite as good was that of Sammy's strikeouts, which totaled 150. His tendency to strike out went hand in hand with his lack of discipline at the plate, his tendency to swing at far too many pitches. Sammy admits that this was a problem for him early on in his career, and not until recently has he developed the maturity and patience to control his swing and wait for the good pitches. "I became a professional ball player with a lot of talent and no discipline at home plate because I didn't have time to play when I was a boy." He admittedly wanted to do everything for himself and not for the team. His talent was evident to all in his early professional career, but so were his weaknesses, which would hinder him for the next few years.

In his 1991 season, which would be his last with the White Sox, Sammy seemed to struggle. By July he was hitting only .200 (51-255), and as a result he was optioned to Vancouver (AAA) on July 19. He managed to improve his numbers during the 32 games he played for Vancouver. He batted .267, hit three home runs and had a record of 19 RBIs. On August 27, he was called back up to the White Sox, and he finished with a batting average of .203 in 116 games.

His level of play had clearly dropped from the previous season. The reputation Sammy had acquired as being one of the least patient players in baseball was only fortified by his poor numbers in 1991. He continued to try and hit the long ball and did not concentrate on advancing the runner on base or protecting the plate with two strikes. His speed was still an important factor, but he would steal bases when it made no difference to the game, all in what seemed to others like an attempt to pad his statistics.

Sosa recalls those early years when he was struggling to become the complete player that he is today: "When I'm not comfortable at the plate, sometimes I swing at pitches I'm not supposed to be swinging at. You can correct that. The more you play, the more discipline you have at home plate." Sammy would have the opportunity to play more and to work on the discipline that was sorely lacking in his game over the course of the next few years in Chicago, only now he would be playing for the Cubs organization.

It was with the Chicago Cubs organization that Sammy Sosa was able to develop his play and become a mature ball player, a team player. The White Sox traded Sammy to the Cubs just before the 1992 season for relief pitcher Ken Patterson and outfielder George Bell, another Dominican success story. White Sox General Manager Ron Schueler says of the trade, "Sammy wasn't a good fit for us at the time. He was a very immature player then, and he didn't work well at all with our hitting coach." Sammy arrived to the Cubs organization at the age of twenty-four, carrying with him the mixed reputation he had earned of being enthusiastic but self-centered, chasing bad pitches, swinging for the fences.

His lack of discipline was obvious to all, but so was his talent. Sammy Sosa had proved that he had the power to hit home runs, multiple home runs, and that he also had the speed to steal bases. His talents were greater than his career average of .233 reflected. Billy Williams, the Cubs' batting coach at the time, would say that the swing starts in the hips, and Sammy Sosa came to the Cubs organization with one of the strongest lower bodies in baseball. The raw talent was there; it merely needed some direction. Williams immediately taught Sammy to stop lunging into the plate at every pitch. He coached him to stand farther back, and to keep his head back behind the point of contact. The refining of Sosa's talent had begun. He practiced hard, concentrating on the new technique and on relaxing at the plate.

Sammy Sosa's debut season with the Chicago Cubs was hindered by injuries. His play was limited to only 67 games, as he spent two long stints on the disabled list. In his first 24 games with the Cubs he batted .211 with only one RBI, which came on opening day. On May 5, he drove in his second run for the Cubs, and on May 7 he hit the first of what would be many Cubs home runs, off of Houston's Ryan Bowen. His second career two-home-run game would come on June 10 at St. Louis. Over the course of just 10 days, May 31 to June 10, Sammy slammed four home runs. Just as things seemed to be coming together for him, Sammy's season was clipped in the very next game, when Sammy was hit by a pitch in a game with Montreal which resulted in a broken bone in his right hand. He was put on the disabled list on June 13, where he remained until July 27.

Coming off the disabled list he rebounded quickly, hitting a home run off the first pitch from Pittsburgh's Doug Drabek. His six weeks of inactivity had not affected his power or his enthusiasm. After his return to the lineup, he batted .385 (15-39), with three home runs, eight runs scored and nine RBIs in the nine games in which he appeared. Injuries returned to haunt him, however, and in just his 10th game since coming off the disabled list he fouled a pitch off his left ankle, fracturing it. On August 7, he was put back on the disabled list, where he remained for the rest of the season. An auspicious beginning with the Cubs was curbed by injuries.

Sammy Sosa played in only 67 games during his 1992 debut season with the Chicago Cubs, hitting .260 and recording eight home runs, 15 stolen bases and 25 RBIs. He also struck out 63 times, a number indicative of Sammy's free-swinging style, which was still pervasive in his game. He was establishing himself already, though, as a power hitter and a threat on base for his speed, talents that would develop even more in the following season.

A healthy Sammy Sosa returned to the Cubs lineup in 1993. Sammy's game reached a new level during the 1993 season, and this is evidenced in both his year-end statistics and the recognition of his play. He picked up his game and seemed to become, for the first complete season, the all-around player that his talent had promised from the beginning. Sammy's greatest achievement of the 1993 season was hitting 33 home runs and stealing 36 bases, a feat that made him the first player in Cub history to record a 30-home-run/30-steal season. He hit his 30th homer on September 2 off of New York Mets pitcher Josias Manzanillo, and he made Cub history and entered the 30/30 club on September 15, when he stole his 30th base at San Francisco. He finished the year with his best numbers yet. He hit .261, and in addition to the 33 home runs and 36 stolen bases, he recorded 93 RBIs. His 36 stolen bases were the most by a Cub player since 1985, and his 33 home runs were the most by a Cub since 1990.

Sammy Sosa's impressive 1993 season earned him other achievements and recognition. He was named the

National League's Most Valuable Player of the Week for June 28–July 4, when in just six games Sosa hit .538 (14-26), scored six runs, homered twice and had six RBIs. He also marked a career high of 17 outfield assists, which was the second highest in the National League that year behind St. Louis's Bernard Gilkey, who had 19. It was also the highest number of assists since Lou Brock's 17 in 1963. Sosa also tied a Cub record on September 29 in Los Angeles with four stolen bases in one game. Sammy Sosa was strengthening his reputation as a threat for both his power and speed, and he was already starting to leave his mark on baseball, in the form of setting new records and breaking standing ones. Sammy Sosa's rise to the top was well underway.

Sammy Sosa continued to display his power by belting balls out of stadiums in the 1994 season. He clobbered 25 home runs in just 105 games. He recorded a career high batting average of .300, and logged 70 RBIs. He also became the first Cub to lead the team in batting average, home runs and RBIs since Billy Buckner in 1981. His home run ratio earned him the number nine spot in the league, with Sosa hitting one home run every 17 at bats. His power also earned him the distinction of being the first player to clear the thirty-foot-high screen at Colorado's Mile High Stadium by clobbering a pitch thrown by Mike Munoz 461 feet.

Sosa's outstanding hitting was not limited to home runs during the 1994 season. He hit triples in four consecutive games from May 14 to May 17. He had a 10-game hitting streak from June 7 to June 24, and he also chalked up 23 RBIs in the course of 23 games, from May 4 to May 31. The number of strikeouts for Sammy went down from the year before to only 92, as he connected more often with the ball. With 22 stolen bases, his speed, too, continued to be a force. Sammy finished off his 1994 season by batting .358 in his last 22 games. He was making Cub history and he was on his way to making baseball history.

The 1995 season saw a Sammy Sosa who continued to pound the ball and reach new heights. Power and speed were once again a common theme. Again he reached the 30-home-run/30-stolen-base mark that he had first reached in 1993. His home run total of 36 placed him in a tie for second place in the National League. His stolen base total of 34 ranked him seventh by season's end. Sammy's high 1995 numbers also earned him the distinction of becoming the first player in the twentieth century to lead the Cubs in home runs and stolen bases for three straight seasons. His power was very visible during a 14-game stretch, from August 10 to August 24, in which he had nine home runs and 27 RBIs. From August 17 to August 24, Sammy homered in four consecutive games, driving home 11 runs.

Other notable achievements for Sosa in 1995 included his 119 RBIs, ranking him second for the season. Sammy's 13 outfield assists tied him for second in the league, and he drew 58 walks, a career high, reflecting an increased patience at the plate. Sammy was named the National League's Player of the Week twice during the season, for the weeks of August 14–20 and August 28–September 3. This recognition made him the first Cub since Ryne Sandberg in 1984 to receive this honor twice in one season. At the end of the season, Sosa won his first Silver Slugger Award and was named to the *Sporting News* National League all-star team.

The 1995 season was also memorable for Sammy Sosa, as it was the first season that he went to the All-Star Game. Helped by his much improved hitting, his quickness and a lack of injuries, Sammy continued to pound away at balls and records, setting new marks for himself personally, and for the Cubs organization.

Another record-breaking year, Sammy Sosa's 1996 season could have been even more outstanding had he not fallen to an injury once again. Sosa's year was cut short on August 20, when he was hit by a pitch from Florida Marlins pitcher Mark Hutton at Wrigley Field with the bases loaded. The pitch broke a bone in his right hand, and Sammy was put on the disabled list the next day. Surgery was performed on his hand on August 26. The injury broke Sammy's streak of 304 consecutive games played, from July 3, 1994 to August 20, 1996. He would miss the remainder of the season.

Despite missing the final 38 games of the season, Sammy Sosa had one of his most powerful years to date. In just 124 games, Sammy hammered 40 home runs, 100 RBIs and had an average of .273. He was leading the National League on August 20 in home runs when his season was cut short, and despite not playing another game that season, his 40 home runs still earned him fifth place in the National League. He also became the twelfth man to join the Cubs' 40-homer club, breaking into the Cubs power elite listed below.

CHICAGO CUBS 40-PLUS HOME RUN CLUB

Hack Wilson	56	1930
Hank Sauer	41	1954
Ernie Banks	44	1955
Ernie Banks	43	1957
Ernie Banks	47	1958
Ernie Banks	45	1959
Ernie Banks	41	1960
Billy Williams	42	1970
Dave Kingman	48	1979
Andre Dawson	49	1987
Ryne Sandberg	40	1990
Sammy Sosa	40	1996

This was not Sammy Sosa's only notable achievement that year. In addition to joining this prestigious club of Cub power hitters, Sammy set another record of being the first Cub ever to hit two home runs in the same inning, which he did on May 16 against Houston. During his shortened 1996 season, Sammy also had three 10-game hitting streaks in just over one month. His fielding also continued to win him praise, as he ranked third in the National League with 15 outfield assists. He was named the National League's Player of the Week for the period of July 22–July 28, having batted an impressive .400 (12-30), which included four doubles, four home runs, nine runs scored and 10 RBIs. He was also named the National League Player of the Month for July, after hitting .358 in 26 games (38-106), which included 10 home runs, 22 runs scored and 29 RBIs.

Sammy Sosa's fifth season with the Chicago Cubs was perhaps his best, as he recorded record-breaking numbers and joined the ranks of the 40-plus club. Sammy's feat becomes that much more memorable considering his injury that forced him to miss the final 38 games of the season, 38 additional games that could have changed the record books, and Sammy's personal statistics, even more. There is no telling how great Sosa's accomplishments would have been were it not for that injury. Baseball had to wait for a healthy Sammy to return and attempt to finish what he had already begun.

There was no longer any doubt surrounding Sammy Sosa's talent as a baseball player. After the 1996 season, Sammy opted out of playing winter ball, deciding not to risk further injury and insure his health for the 1997 season. He returned to the Cub lineup in 1997 healthy, strong and quick. His name appeared once again among the National League's top heavy hitters. With his 36 home runs—25 of which he hit at Wrigley Field—Sosa finished seventh in the league that year. And when he hit his 30th home run on August 28, he became only the sixth Cub player ever to record at least four 30-home-run seasons, joining Ernie Banks, Billy Williams, Hack Wilson, Hank Sauer and Ron Santo. His 119 RBIs, which tied his career best, put him in a tie for sixth in the league, and he had a career high of 31 doubles. With 22 stolen bases, the 1997 season was the fourth in which he reached the 20-home-run/ 20-stolen-base mark. He batted a respectable .251. Sammy was still in the league's top power group, and his speed and quickness were still proving dangerous.

Sammy's outfield play was also outstanding in 1997. He seemed to have more body control when fielding balls and throwing for assists than in previous seasons. Sammy attributed this to the hard work he had put in throughout the season. "I worked at it every day at the beginning of the year. When I first came to this team, I was all over the place and made a lot of mistakes. Now I am learning from my mistakes. Right now I am just trying to go out there and be smart. I just try to think about situations before they happen. I believe that I have myself under control, and that is how I want it." Sammy ranked second among National League outfielders with 16 assists. He was also named the National League's Player of the Week for the week of May 12–May 18. This was the fifth time he was honored with this award. In six games he hit .348 (8-23) and had four home runs, two triples and 12 RBIs.

But Sammy Sosa's play, while outstanding, was not without aspects in need of improvement. In 1997, Sammy's 174 strikeouts set a Cub record and gave him the dubious distinction of being rated first in this category in the league. The season was also disappointing for Sosa because the team did not play well together. While he remained an exceptional home run hitter and fielder and contributed much to the ball club, Sammy's high strike-out number was an indication of his persisting impatience. He continued to swing for the long ball and chase pitches that a patient hitter would not. Some still thought him a selfish player, still only interested in improving his statistics. Sammy Sosa had come a long way from his days in the minor leagues, and he was now considered among the most powerful hitters in the majors, but some of his earlier problems, including that of his reputation, still plagued him. And these lingering problems combined with his team's unsuccessful season seemed to urge Sosa on to finally become a complete player. Nineteen ninety-eight would prove to be Sammy Sosa's year—as a ball player, teammate and human being.

5

·

A CHAMPION SEASON
BEGINS

·

Coming into the 1998 season, Sammy Sosa and the entire Cubs organization knew that changes would have to take place in order for them to become a competitive ball club. While during the 1997 season Sammy was still being defined by his mixed reputation and his penchant for swinging for the long ball, the Cubs as a team were also suffering from a lack of cohesiveness and a poor morale that visibly harmed their season. The entire team, and not just Sosa, would have their work cut out for them in the off-season if they had any hopes of delivering a winning season and reaching the playoffs.

After the 1997 season, Sosa went home to the Dominican Republic, disappointed but determined. He would return in 1998 prepared to help his team win a championship. "I said to myself, 'I have to come back and be ready for 1998 and do what I have to do. I have to sacrifice myself and be a better contact guy.'"

Sammy Sosa arrived in training camp in February 1998, mentally prepared and fully aware that the sniping and antagonism that had marred the Cubs team the previous season would have to stop if they were to have any chance at winning the pennant. Sosa said, "We weren't all together last year. That has to change this year. People who know me know I don't play for myself. I'm a team player. Everybody has to get along and play for each other. I'm here to win a championship."

Chicago Cubs manager Jim Riggleman was also aware of what his team needed to work on, citing the lack of chemistry between the players as one of the major problems that hindered the team's play. "The chemistry was neutral. Guys tolerated each other rather than enjoyed being with each other. So you go out and you get new personnel to make it happen. Chemistry isn't as important as talent, but it is a close second." The atmosphere in the clubhouse was not supportive—there was no apparent cohesion among the players. Riggleman knew that his team could be good if they just stuck together and played as a team, and stopped all the finger pointing that had taken place the previous season. "If someone doesn't do something, we pick him up. We pick each other up. Stay together as a team."

Spring training '98 for the Cubs, then, would involve not just physical training but mental training as well. Sammy Sosa would make great strides on both fronts. Nineteen ninety-eight would be the year that Sammy would develop into the complete ball player, a more mature and confident player. The once impatient hitter at the plate would learn to wait. "When he came into the major leagues six years ago, Sosa gained a reputation as a selfish player, as a flashy underachiever," says Tom Reich, one of Sammy's agents. "His teammates, coaches and friends say he has grown tremendously, as a baseball player, as a father and as a team player."

Sammy's transformation into a more mature player can be attributed, in part, to his age and experience. But it is also due to the makeup of the Cubs' 1998 team, which he found to be much stronger and immediately more cohesive. Talking about his becoming a more mature player,

Sosa says, "What took me so long is that we didn't have the quality team we have now. This year we have a much better team. We have some new people, people who can play the game, people who can hit a home run, too. That makes my job a little more easy." The team's new composition also seemed to help Sammy relax and focus on improving his hitting and on contributing to the team's overall performance. "I used to be worried about everything before—'If I don't hit a home run today, we're not going to win.' It's not that way anymore. Everything has come together, the starting pitchers, the bullpen. Everybody is together, and we're winning."

The adjustments that Sammy Sosa made going into the 1998 season have helped his team throughout the entire season. He has finally found the discipline, both physical and mental, that he needed to pull his game, and his team, together. His changed attitude has affected his base running as well. Sammy has learned how to run the bases, and is no longer trying to steal every time he gets on base. He realizes that this is a benefit to his team. "A few years ago I would steal on any count. I was the type of runner who would make a lot of mistakes. But now the years go by, and I have learned how to run the bases. Every time I get on base, I want to steal, but there are situations where I can't steal a base. I just had to learn that part of the game. I still have my speed. I will steal bases when we need it and when we know that it will determine the outcome of the game."

Cubs manager Jim Riggleman also wanted Sosa to settle down finally at the plate and stop chasing every pitch in an attempt to hit it out of the park. "Sammy gets a lot of praise in the papers and on TV. We know that he always gives his best, that he is always trying. But we have asked him to cut down his strikeouts this year. He's got to be able to adjust." And that is exactly what he did.

With the help of the Cubs' second-year batting coach, Jeff Pentland, Sammy began to refine his talents and become the complete offensive force that he always could have been.

Pentland began to work on adding the much needed finesse to Sammy's swing even before the 1998 season started. After the 1997 season ended, Pentland sent three videotapes down to Sammy, who was back in the Dominican Republic. One tape was of the Cubs' first baseman, Mark Grace, one was of the Atlanta Braves' third baseman, Chipper Jones, and the third one was of Sammy. He sent the tapes of Grace and Jones to demonstrate to Sammy the batting technique of the tap step, used by both of these players. The tap step adds rhythm to the swing. Before the pitch is thrown, the hitter steps back with his front foot, away from the pitcher. It is a timing technique, and it adds coordination to the swing. The tap step breaks the swing into two stages. The first stage is the step back. The second stage is the forward swing, which is reserved for a good pitch. That step back delays the swing, and the decision to swing, for a fraction of a second.

Pentland was quick to refuse any credit for the improvement in Sammy's swing, limiting his contribution to merely making suggestions. In fact, Billy Williams may have been the one to do the basic work with Sammy on his swing. Pentland took over and fine-tuned his timing. In 1997, Pentland recognized that Sammy's talent had been greater than what was actually being utilized. "Last year, when I got a chance to look at him, I said he was probably the best physical talent I've ever coached—and I've had Barry Bonds and Gary Sheffield." With his coaching and guidance, he helped Sammy improve his timing and his mechanics, making him the great offensive threat that we saw in 1998.

Sammy Sosa's adjustments also include a display of patience at the plate never before seen in the free-swinger. "I think Sammy has matured with experience. He has a knowledge of the pitchers and has a belief in himself. He believes he can hit the two-strike pitch, so he's not afraid to go to strike two. I think he's matured and gotten confident, and I like the fact that he's gotten patient." Sosa had learned to talk to himself at the plate and to have a plan in mind each time he is at bat.

Sammy had never had a problem of hitting inside pitches because of his quickness inside. But new for the 1998 season was his ability to now go the other way. He is using right field, and not trying to pull every pitch. He is not swinging at all those bad pitches he swung at last year either. "I'm now taking them," Sosa says. "When I take those pitches, they say, 'This guy only goes for pitches over home plate. I have to throw him a strike.'" And still the power hitter he always was, Sammy is always ready for a strike down the middle.

This greater patience at the plate paid off for Sammy, whose batting average at season's end was .308, vastly better than his .251 average the previous year and one of the best in the league. Fellow teammate Mark Grace recognized Sammy's strides as well, and said of Sosa, "Instead of going up there and trying to hit the first pitch out of the ballpark, he realized that with his talent, he might be able to hit the fourth or fifth pitch out of the park just as easily as the first one."

Sammy Sosa also brought to the 1998 season a healthy mind-set and a good work ethic which also contributed to his having the kind of season that has made him the favorite for the National League's Most Valuable Player. After a 1997 season in which Sosa had been noticeably down, almost disinterested, he arrived in spring training camp with a positive attitude. Pentland was among the first to notice the improvement in Sosa's attitude. "From the first day of spring training, that was probably the happiest I've ever seen Sammy. . . . It's good to see him in a good frame of mind. When I saw it in spring training myself what he was capable of doing when he felt good about himself, we had to do something to make sure it stayed that way."

The work ethic, which had always been part of Sammy's game, was now more directed. Sammy spent hours in the batting cage, and he focused intensely on improving his technique. All of the adjustments Sammy made were reflected in his play throughout the season. The combination of his healthy mind and controlled body, so unknown to Sosa's game the previous year, turned Sammy into the all-around offensive force that he was in 1998. With a lot of persistent hard work and a positive attitude, Sammy had led not only himself, but his team as well, to one of the most memorable seasons baseball has seen in years.

PLAY BALL

Mentally and physically on track, Sammy Sosa began what would be a record-breaking season. Sammy's contribution would go beyond breaking records, however. His performance in 1998 would make an impact on his team and on the history of baseball, contributing to reviving the sport of baseball and bringing people back to the ballparks. It would be a dream season for Sammy and for baseball.

Having totaled an impressive 36 home runs in 1997, Sosa started the new season showing that his power should not be forgotten. In just the third game of the season, on April 4 at Wrigley Field, Sammy took a 2-and-1 pitch from Montreal's Marc Valdes the opposite way, over the right field wall. The early proof that he would no longer pull every ball and that there was, in fact, a right field, was in. Sosa himself recognized this feat. "Today I hit a home run to right field that I might have popped up if I tried to pull the ball. So our team is doing everything right to win. We're all having fun."

The Cubs were off to a great season, with all the elements seemingly in sync, and had an 8-2 record to prove it. Sosa had only one home run during this stretch, that one coming in the third game. But unlike other seasons, his batting average was much improved. He was batting .318 and already had nine RBIs.

Sosa's second home run came on April 11 off of Montreal's Anthony Telford. By the end of April, Sammy had tallied six home runs, 17 RBIs, seven stolen bases and was batting .343. The Cubs ended the month of April with a record of 14-13.

(At this point in the season, Mark McGwire was tied in the home run contest, a contest that did not officially take off, captivating a nation, until much later in the season. McGwire had 11 home runs, tied with Ken Griffey Jr. of Seattle.)

Sammy's play began to heat up in May. On May 8, in a game against the Giants, Sammy was intentionally walked with two outs in the 14th inning of a tie game, loading the bases. At work was Sammy's reputation, and record to back it up, as a dangerous hitter—he was hitting .340 at the time. This was, no doubt, behind the Giants' manager's decision to walk him. As it turned out, the next batter up was Mark Grace, who got a hit, giving the Cubs the win.

On May 16, Sosa hit a three-run homer—his eighth of the season and the first in nearly two weeks. The Cubs' record stood at 24-18. Their record improved even more by May 20. For the first time in more than three years, the

Cubs went nine games over .500. Their record stood at 27-18, and Sosa was hitting .337.

On May 22, Sosa hit his ninth home run and 31st RBI of the season off Atlanta's Greg Maddux. Until this point, Sosa's power numbers were not on a record-breaking pace; in fact, he was on pace for only 25 home runs and 95 RBIs. While good numbers for most, these numbers were not exceptional for Sammy. Nonetheless, Sammy was batting .335, well over his career average of .260, *and* the Cubs were winning. Sosa's power streak began just a few days later. Although he missed the last three games of May with an injured thumb, Sammy pounded four more homers in games on May 25 and May 27 to give him a total of 13 going into June.

The season that all Americans, Dominicans and baseball fans will remember for years to come really took off in the month of June. Slammin' Sammy's home run spree was about to be unleashed. On June 1, Sosa returned from an injury to his thumb and homered twice against Florida, driving in five runs in the process. Sosa even admitted after that game that while he was able to play, his thumb had still been bothering him. Sosa expressed his feelings about the Cubs' season up until that point. "We are playing together as a team right now and I am enjoying that. With guys in front of me and guys like Grace and [Henry] Rodriguez behind me, I'm getting good pitches to hit." The home run contest was heating up.

Sosa ended the week of June 5 playing against his old team, the Chicago White Sox, belting his 19th home run and driving in five runs, giving him a season total of 54. This home run was Sammy's 10th in nine games. The five RBIs matched his season high set on June 1. Sosa was named the National League Co-Player of the Week for June 1–June 7 with Greg Maddux of the Atlanta Braves.

Sosa led the National League that week with six home runs, 15 RBIs, 28 total bases and nine runs scored. He batted .346 (9-26). The Cubs had now won eight straight games at home—their longest winning streak at Wrigley Field since 1978.

After a 10-game winning streak, on June 17, the Cubs lost their sixth out of eight games. But Sammy Sosa hit his 25th home run against Milwaukee. Fifteen of the Cubs' twenty games remaining before the All-Star break would be played at Wrigley Field.

On June 30, Sosa hit his 20th home run of the month and his 33rd of the season against Arizona's Alan Embree. This mark set a major league record for most home runs hit in one month, breaking the record set in 1937 by Detroit's Rudy York. His mark of 20 home runs in June also broke Andre Dawson's mark of 15 set in 1987 for most homers by a Cub player in a month. Sosa also broke the record for the most home runs over any thirty-day period, held by Ralph Kiner, who had 20 in 1947, and Roger Maris, who also had 20 in 1961. Sammy recorded 21 home runs over the thirty-day period from May 25 to June 23. And for the mark of most home runs in consecutive games, Sosa tied the Cub record held by Hack Wilson (1928) and Ryne Sandberg (1989), hitting home runs in five straight games from June 3 to June 8.

On June 30, Mark McGwire hit his 37th home run, to lead the league. Sammy's home run total was now at 33. But Sammy had closed the gap during the month of June, now becoming McGwire's primary contender in a race that would absorb the attention of an entire nation in just a few weeks. Sammy was also second in RBIs, with 79, third in runs scored, with 64, and eighth in hitting, with a .327 batting average.

In the first week of July, Sosa was named to the National League All-Star team by Manager Jim Leyland.

Sammy was unable to play in the All-Star Game, however, due to a sore shoulder. On July 5 he missed his fourth game of the season because of this as well.

From April until the All-Star break in July, Sammy Sosa had displayed patience, discipline, team spirit and enthusiasm—all of which were not present, at least not to such a degree, in his play in previous years. He was a new player—a team player—and he was enjoying himself. His batting average was way up, his team was winning games, and his power was proving to be even more of a dangerous threat than it ever had been. Sammy Sosa could no longer be accused of not being a team player. His performance was breaking records *and* helping his team win. His performance was also about to stir up the excitement of a nation, or two.

With his exceptional record-breaking June home run barrage, Sammy Sosa had thrown himself into the spotlight. His name was now being linked, a link that will go down in baseball history, with that of famed home run slugger Mark McGwire. The beginning of the home run chase to break Roger Maris's long-standing record of 61 home runs in a single season set back in 1961 was about mesmerize two nations, the United States and the Dominican Republic.

By the month of August 1998, baseball had an entirely new audience. Sammy Sosa's heavy hitting had made believers of non-believers, fans of non-fans, and it had drawn a viewing public which included men and women, young and old, American and Latino. The 1998 season had now become all about the quest to conquer a record—a pursuit by two men whose conclusion would not be determined until September 27, 1998, the final game of the season. It is this latter half of the season that most will remember, this contest that claimed the hearts and spirits of the populations of at least two nations, and probably many more.

The race to break baseball's greatest individual record, that of the most home runs hit in a single season, had survived since 1961, when Babe Ruth's record of 60 home runs was broken by a man named Roger Maris; a man whose name had become commonplace even for non-baseball fans, but about whom many knew nothing; a man whose own record-breaking chase sheds light on and enhances the spirit and the joy of what the world has witnessed between Sammy Sosa and Mark McGwire in the 1998 chase. The Roger Maris story, the story of his pursuit of Babe Ruth's record, stands in bold contrast to the 1998 chase in almost every way. While Maris's quest was the same, the 1998 home run contest, an uplifting rivalry between two men of different races and different circumstances and enjoyed by an entire nation, has proven that competition does not always have to be divisive.

6

THE MAN BEHIND THE RECORD—
ROGER MARIS

•

The enthusiasm over the 1998 great home run chase has thrown the name, if not the figure, of Roger Maris back into the spotlight. The pursuit of baseball's greatest individual record has made Americans sit up and take notice of baseball once again, and it has also revived the memory of one of baseball's greats, a man about whom most fans, even professional ball players themselves, know almost nothing.

Roger Maris has owned this record since 1961, when he hit 61 home runs in a single season, breaking the record previously held by Babe Ruth of 60 home runs in a single season set in 1927. The circumstances and events that surrounded Maris's 1961 feat could not have been more different than what we have witnessed during this 1998 season. While most Americans, Dominicans, Latinos and baseball fans alike seem to be aware that something very special has taken place this season, something that will hopefully have lasting consequences for the sport of baseball, few know just how unusual this is given the previous record holder's experience after the same outstanding accomplishment. In fact, things could not have been more different for Roger Maris than they have been for both Sammy Sosa and Mark McGwire.

The home run chase of 1998 and the excitement that it has engendered—in great part thanks to the inspirational conduct of all involved, players, public and the media alike—is an even more astounding occurrence when juxtaposed with the events surrounding Roger Maris, whose similar achievement could not have been received more differently by the public and the media nor affected the man more differently.

The recipient of two Most Valuable Player Awards who had seven World Series appearances in the course of nine years, Roger Maris is still just a name to most who have seen his name in the paper in the latter half of the 1998 season almost daily. Maris, who had changed his name from Maras to avoid being mocked with an obscene pronunciation of the name, was born in 1934 in Minnesota, moving to Fargo, North Dakota, at the age of thirteen. Like most boys his age, he loved sports. He played one sport or another almost every afternoon and was actually better at football than baseball. He was offered the opportunity to play football at the University of Oklahoma after his last year in high school, but he declined. His love of baseball led him to skip college altogether, and he signed right after high school with the Cleveland Indians.

Roger Maris's baseball career began in the minor league system of the Cleveland Indians ball club. He was a headstrong kid who did not make friends easily. He was not quick to trust people, but those who eventually did become his friend found him to be deeply loyal, a true friend. Three years later, in 1957, he reached the major leagues, but he suffered several injuries, a problem that would follow him throughout his career. When his manager put him back in the lineup he resisted. He did not feel well enough to resume play and resented being forced to play when he was unhealthy. As a result, his batting average fell that season and his anger toward the organization grew. His willful and contentious attitude proved to be problematic. The discord between general manager and ball player resulted in Maris being traded. He was traded to the Kansas City A's, which at that time were like a farm club for the New York Yankees. The Yankees had been impressed with Maris's early play, and they knew that it was just a matter of time before he would be brought up to play in the majors. At Kansas City, Maris's hitting improved, and the Yankees' interest grew. In December 1959 he was traded to the New York Yankees, who were in dire need of a powerful left-handed hitter to help them get back into the pennant race, which they had missed the two years prior.

Maris's career took off once he became part of the Yankee organization, but he had been reluctant to make the move. As a country boy, he was not comfortable in a big city like New York, and he felt that way until the day he left. His ball playing, on the other hand, continued to be impressive. By the middle of his first season as a New York Yankee he was batting in the cleanup position, just behind Micky Mantle. By the All Star break he had hammered 25 home runs. He was on the way to threatening Babe Ruth's record when an injury caused him to miss two weeks of play. His all-around outstanding defensive play helped his team win the World Series that year; he managed to knock in 39 home runs, lead the league in RBIs with 112 and was voted Most Valuable Player. He had one of the quickest arms in baseball, was fast on his feet, often breaking up double plays or running for extra bases, and had phenomenal overall instincts on the field. Current Houston Astros manager Larry Dierker said of Maris, "I tell you, he was a hell of a ballplayer. He did everything—hit the cut-off man, throw to the right base, move the runner over, run hard. I was expecting a guy to swing from his ass for home runs. But he did everything else damn well."

Maris switched places with Mantle in the batting order to start off the 1961 season. Maris now got more pitches to hit than Mantle, and a home run duel was soon underway between the two Yankee sluggers, both in pursuit of Babe Ruth's record. The press seemed to be attempting to create an unfriendly rivalry between the two teammates, portraying Mantle favorably and Maris negatively. There was no truth to their characterizations; the reality was that Mantle and Maris shared an apartment in Queens and were on good terms, often kidding with each other about what stunt they might pull on the other one to make sure he would not break the record first. It was an unfortunate development that had a lasting adverse effect on the rest of Maris's career in New York.

When Mantle was forced to drop out of the race due to an injury to his hip, the press descended upon Maris. Given his inclination not to trust people right off and his practice of being very direct, the press came down hard on him, portraying him as unfriendly and ungrateful. After 154 games, Maris had hit only 59 home runs. Commissioner Ford Frick had announced that summer that in order to break Babe Ruth's record of 60, the 61 home runs would have to be hit in 154 games and not the new number of games, 162, in order to avoid having to put an explanatory note in the record book. That announcement was controversial, at the least, and one which stifled the impact and excitement of the season's end and Maris's accomplishment. Maris hit his 61st home run on the last day of the season, with only 23,154 fans in attendance.

The drama had been drained from an exciting chase, and Maris's achievement was met with no fanfare or celebration. The relationship between Maris and the press deteriorated going into the next season, and Maris became bitter. He remained with the Yankees and had another fine season in 1962, batting .256 and recording 33 home runs with 100 RBIs. But he was soon beset by injuries once again. He played only 90 games during the 1963 season. The times he did play that season, suffering from pulled muscles and other ailments and unable to run as he used to, he was booed by the crowd, who felt that he just did not care enough to play hard. The Yankees won their fifth pennant in a row in 1964, and Maris hammered in 26 home runs, but he remained unpopular with both the press and the fans. In 1965 he suffered his worst setback to date, injuring his right hand while sliding into home plate. Initial X-rays showed no fracture, and he was given very little support from his team or the fans, although he was complaining of an intense pain that was preventing him from playing. Subsequent X-rays revealed not only a fracture but a loose bone fragment, and Maris felt betrayed and angry at his team for not taking care of him. His play in 1966, as a result, was uninspired. He was heartened by the news that he would be traded to the St. Louis Cardinals, happy to finally return to the Midwest. He was no longer the home run threat that he had been, but he contributed to the Cardinals' back-to-back pennant wins with his excellent overall talent.

Having been glad to leave New York behind, Maris did not want to talk about his Yankee experience, and that included breaking Babe Ruth's record. "I saw how happy he was to get on the plane and go home," a longtime Maris friend recalled of the end of the 1961 season. "I knew how happy he was that the whole thing was over." What should have been a joyous moment in his baseball career had been extinguished by the surrounding circumstances. He retired at the end of the

1968 season. His ambivalence endured and kept him
from returning for any Old Timer's Days at Yankee
Stadium for many years. He was finally persuaded to
return for an Old Timer's Day when George Steinbrenner
promised to build a Little League facility in Gainesville,
Florida, where Maris was living. He returned to Yankee
Stadium in 1978, and was welcomed with the cheers that
had been absent that final day of the season in 1961.
Maris was finally receiving the recognition due him long
before. The Yankees retired his number 9 in 1984, one
year before his death.

The contrast between the same historic moment in
baseball could not be more glaring. Unlike Maris's duel
with Mantle, the press accurately portrayed the 1998
home run battle between Sosa and McGwire as one filled
with affection and love of the sport. And unlike Maris's
experience, both Sosa and McGwire are being celebrated
on a daily basis for giving the American people and
people all over the world something to feel good about.
Roger Maris's achievement has been thrown back out
into the spotlight for public consumption, offering him
the attention so long overdue. The home run race of
1998 has not only been a positive thing for baseball today
but for the memory of baseball and its heroes past.

7

•

THE 1998
HOME RUN CHASE

•

The pursuit of Roger Maris's longtime record of 61 home runs by both Sammy Sosa and Mark McGwire became the obsession of a nation during the summer of 1998. The home run chase that dominated the months of August and September in 1998 will surely go down in history as one of the greatest duels in the history of sports. The race was unlike anything that baseball has ever seen—and everybody loved it. The country came alive, baseball acquired a new energy, and people forgot about the scandals and problems they saw and faced every day because of the spirit of competition, played out with dignity and true affection. Sammy Sosa and Mark McGwire, two heavy hitters, two very different men from very different circumstances in life, two men of different race—they showed America and the world how a sport should be played and how an athlete should behave.

In a professional sports world overrun by poor role models with big egos, Sammy Sosa and Mark McGwire have given us hope that sports really *can* be about fun and the honest thrill of competition, and you really *can* applaud the other guy—and mean it, too. The home run chase provided an escape—something that lifted our spirits and made us cheer. It was a contest without sides, and everyone was a winner.

The chase for history took over baseball in the month of August, when both Sammy Sosa and Mark McGwire began to close in on Roger Maris's magic number 61. McGwire had led Sosa throughout the season, although since Sosa's powerhouse month of June he had remained right behind him. But on August 19, 1998, Sammy Sosa jumped into the lead for the first time with his 48th home run against St. Louis in the fifth inning. McGwire would excite the nation, however, when he responded just 57 minutes later with his 48th homer in the eighth inning against the Cubs, and then his 49th in the tenth inning. McGwire had regained the lead once again.

This seesawing continued for the remainder of the season, keeping all of America and surely the Dominican Republic riveted. The slugfest continued, as did the protagonists' mutual appreciation of each other's achievements. The race was neck and neck, and the nation could not get enough.

Going into September, Slammin' Sammy and Big Mac were tied with 55 home runs apiece. McGwire jumped back out front with his 56th and 57th on September 1. The next day, Sosa responded with his 56th. That night, though, Big Mac pounded two more, his 58th and 59th. By September 2, McGwire's lead was three. You couldn't turn your head without fear of missing history being made. Sosa's 57th and 58th were answered by McGwire's 60th. McGwire's 61st, tying the record, came off the Chicago Cubs' Mike Morgan on September 7, 1998. And Big Mac hit the record-breaking 62nd the next night off the Cubs' Steve Trachsel. Sosa came running in from right field to be one of the first to congratulate his good friend and rival—no animosity, no jealousy—a genuine display of enthusiasm for a record broken and a great achievement.

The contest was not over though, and Sammy rallied back, hitting four home runs in just three games. He hit his 61st on September 13 in the first inning off Milwaukee's Bronswell Patrick and then his 62nd, passing Maris's mark, in the ninth inning off Eric Plunk. He had tied McGwire again. The record had now been passed by both sluggers, but the race was now on to see who would end up with the new record.

Just as Sammy had caught up, McGwire snapped out of a homerless five-game stretch and hit his 63rd. Sammy matched his 63rd on September 16 at San Diego with a spine-tingling grand slam home run in the eighth inning with two outs. The game had been tied. Sammy's home run won the game.

In typical fashion, McGwire grabbed the lead back two days later with number 64 at Milwaukee. He followed with his 65th on September 20, also against Milwaukee. But Sosa was still in the picture, despite his contention that after passing Maris's mark his main focus was to help his team get to the playoffs and not to swing for the fences. Sammy clobbered two home runs at Milwaukee on September 23, tying the home run race at 65.

Sosa went ahead for the second and last time on September 25, when he hit his 66th against Houston's Jose Lima. This time his lead lasted only 46 minutes, as Big Mac answered with his 66th against Montreal. McGwire went on to end his season with an astonishing 70 home runs. Sammy, whose primary concern was helping his team get into the playoffs, focused on his team play, and ended the year with an incredible 66 home runs.

The 1998 home run race between Sammy Sosa and

Mark McGwire was a unique and memorable competition, a contest that had no losers. For the first time in recent memory, two figures had competed so intensely and so closely while at the same time displaying daily a genuine affection for each other and an appreciation of the other's success. These two guys were really friends, as we saw when Sosa came running in from right field to hug his rival after McGwire was first to break Maris's record. This was unusual, to say the least, in professional sports. There was never any show or hint of jealousy or animosity—just the pure thrill and spirit of competition.

Both players were quick and open in their commendations of each other. Both were also extremely modest and conciliatory. Mark McGwire said of Sammy, "I am extremely happy for Sammy. Sammy is having a magical year. A way better year than I'm having. His team is right there in the wild card race, he's driven in quite a few more runs than I have, he's hit for a higher average. He's right there. You tip your hat to him." Sosa's respect was mutual. "I'm rooting for Mark McGwire. I look up to him the way a son does to a father. I look at him, the way he hits, the way he acts, and I see the person and the player I want to be. I'm the man in the Dominican Republic. He's the man in the United States. That's the way it should be." You couldn't write a better script.

This friendship is even more remarkable because of just how different Sosa and McGwire are. Sammy Sosa rose from humble beginnings, helping his mother out by working as a shoeshine boy. He got to the major leagues after being spotted by a scout in his hometown. Mark McGwire is the son of a dentist from southern California who came to the major leagues from the University of Southern California. Their friendship crosses class barriers, race barriers, cultural barriers and those team barriers that normally appear in a competitive sport. They have shown the world a new way to compete and made us all feel good.

Throughout the most intense moments of the home run chase as well as the entire season, Sammy Sosa never allowed himself to be swallowed up in the attention. He continued to have fun, and handled himself admirably. Sammy was grateful for everything that came his way in 1998, and he is quick to point this out upon any suggestion that he might not be getting his due. "The attention I've had all year long is good enough for me. Mark got there first, but for me I'm just so happy to be playing in the United States and the major leagues. It's good enough right now. I'm pleased with it."

Sammy Sosa also held steadfastly to his main goal, which was to get his team into the playoffs. The Chicago Cubs had not reached the playoffs since 1989, and Sosa's first concern was getting them there, not trying to increase his home run numbers. To all who watched him play the final games of the 1998 season, it was clear that Sammy Sosa's work was not done. "Just because I'm chasing history, that's not going to let me get in the way of the main goal." He insisted throughout the contest that he was not thinking about hitting home runs but rather getting his team into the playoffs. In order to do this, he would have to concentrate on good all-around ball playing and not increasing his home run numbers. "I think 62, 63 are pretty good for me. Now I want to take my team to the playoffs." And that is exactly what he did. This makes his achievement of 66 home runs even more remarkable.

One of sports' greatest duels was also the greatest display of sportsmanship, and it will be remembered for years to come. Two rivals chased baseball's greatest record and developed a strong bond and friendship along the way, as a nation looked on, inspired. The home run chase of 1998 may have ended with Mark McGwire on top with 70, but Sammy Sosa achieved multiple goals. He passed Maris's record of 61 and he achieved what he had set out to do since opening day—he led his team into the postseason for the first time since 1989.

BASEBALL'S REWARD

What this home run contest has done for fans and for the spirit of a nation, it has also done for the sport of baseball. Long considered America's pastime, baseball had lost part of its fan base in recent years. This was primarily a result of the strike in 1994–1995, when goodwill among fans dissolved as they watched their beloved sport turn into a breeding ground of big egos and greed. Fans turned their backs on their heroes, on the team owners and on their pastime, unwilling to indulge these grown men, most of whom earn more than the average baseball fan could ever dream of earning. The public turned sour on baseball and its heroes, and the sport suffered.

The greatest impact of the 1998 home run chase between Slammin' Sammy and Big Mac has not been the records broken or the new records set. The greatest impact is surely the enthusiasm that these two dueling men have generated in people, fan and non-fan, for the sport of baseball. The home run chase has wiped out that bitter memory of the 1994–1995 strike. McGwire recalls, "People on the street have told me, 'I hated baseball because of the strike.' But they've come back, and they're excited because of what Sammy and I are doing." By displaying a selflessness as opposed to selfishness, Sosa and McGwire erased the damage done by the strike and created a renewed excitement in America's greatest sport.

Fans young and old poured back into the ballparks.

New fans were home glued to their TVs in anticipation of the next home run. The sport was fun again. Sammy Sosa has made baseball about fun once again. "For me, I'm a little kid," Sosa says. "I like to have fun every day. I like to make people happy." His relaxed manner and boyish smile have won over fans' hearts and in so doing brought people back to baseball to have fun. Even Mark McGwire credits Sammy with helping him have fun with the sport. When he was becoming frazzled at one point by the intense media coverage, McGwire remembers, "Sammy told me to have fun with it." Even Hall of Famer and fellow slugger Reggie Jackson credits Sammy with rejuvenating the sport. For Jackson, Sammy has brought the excitement back into the game, and he was extremely impressed at how Sammy has been able to keep having fun through so much pressure from the media. "I know when I played and I was in New York, I was a celebrity before I was a good player. And watching him today with all the fanfare and all the attention, I don't know if I could have handled it at that age."

Baseball's soaring popularity is also in evidence at the National Baseball Hall of Fame in Cooperstown, New York. Attendance is up for the first time in four years, since the strike. The overall good feeling for baseball and these two good-natured champions is leading more people to the Hall of Fame to learn more about baseball's heroes, past and present. Since Maris's record was broken on September 8, 1998, the Hall of Fame has been doing especially well. As of September 14, more than 256,000 visitors had passed through its doors, compared to 240,000 the year before, up about 7 percent. Interest in baseball had finally taken a turn in the right direction.

Increased excitement has led to an increase in more people wanting to be a part of history being made.

According to a CNN/*USA Today*/Gallup poll, 63 percent of 1,082 people surveyed in mid-September 1998 said that they are "a fan or somewhat of a fan" of professional baseball. This is an increase of 19 percent since a similar poll in June. What came between June and September, of course, was the home run chase at its grandest.

Baseball has been taken to a new level by the spirited competition and seemingly superhuman talents of Sammy Sosa and his pal Mark McGwire. They competed against each other, chasing history, and they encouraged and cheered each other along the way—something seldom seen in any arena. America's sport had become fun for the people again, fun because of a fun-loving hardworking young man from San Pedro de Macorís who was determined to keep loving what he was doing despite any sideshows. "I just want to keep bringing people to the ballpark and make this game a little bit more exciting." I think we can all agree that Sammy has done that, and more.

THE QUESTION OF RACE

Perhaps it is not a surprise that the racial question eventually crept its way into one of the greatest sports duels of all time. And one of the principal reasons why this rivalry was so great and will go down in history as one of the greatest is precisely because of racism—the lack thereof, that is. Despite suggestions that racism has played a part in the treatment of the two sluggers, the two men themselves, along with the great majority of fans and players, have remained above the fray, and in doing so they have given us a fine example of what it would be like to live in a world that never knew racism.

Mark McGwire's record-breaking 62nd home run on September 8, 1998, was met with a celebration fit for a king. There was a post-game ceremony in which Major League Baseball Commissioner Bud Selig presented McGwire with the Historic Achievement Award. The Maris family was on hand, and McGwire was given a shiny red 1962 Corvette.

The celebration was not so elaborate just five days later, when on September 13, Sammy Sosa slugged his 62nd out of the ballpark. His celebration consisted of three laps around Wrigley Field on the shoulders of his teammates. The ball was not even marked. There was no commissioner, no car, no special achievement award—just lots of applause—lots.

The disparity between the national celebrations that took place on these two momentous days gave cause for some to start murmuring: racism, surely it was because Sosa was dark-skinned that he did not receive any special attention. How else could such a thing be explained? Major league baseball had slighted Sammy Sosa because of the color of his skin—it had to be. This hint, this intimation that Sammy Sosa had not been honored the day he hit his 62nd home run because of racism, has been shunned by almost everyone, because the fact of the matter was, and is, that while nobody denies that racism may exist in baseball, it had no place in this contest and between these two men—none.

The explanation for the two very different receptions is clear to anyone who cares to listen. The festivities had been planned for whoever would break Roger Maris's long-standing mark of 61 home runs. Had Sosa been about to do so, a similar celebration would have been planned for him. The stage was set up, so to speak, where they anticipated the record-breaking ball to be hit—this regardless of the player, although it happened to be McGwire. As for the ball, major league baseball's plan had always been to mark just two balls: the one that would break Maris's record and the one that would be the new-record-setting ball. In both cases, McGwire was the likely batter. Sammy did receive his celebration a few days later at Wrigley Field, although for skeptics it was too little too late.

The friendly rivalry between Sosa and McGwire remained so despite the murmurings of unfair treatment. Both players dismissed the idea that race had anything to do with the alleged unfair treatment, and Sosa outright discards the suggestion that he was treated unfairly because of the color of his skin. "What? Come on, man, it's 1998," was his response. He feels like he has been treated well by major league baseball, and is happy that his buddy Mark was able to have the great moment. "Mark, he did it first. He is the man. For me, I am just so happy to be playing in the United States."

This was a class act all the way, a lesson for all those trying to inject racism into an inspiring and joyous time in the history of baseball. Sosa's agent Tom Reich also denied the claims of racism on Sammy's behalf. "Sammy doesn't perceive it that way and neither do we. The attention that has been given to Sammy has been tremendous."

Sammy Sosa is not the only one who rejects the implication of unfair treatment because of racial reasons. The Dominican ambassador to the United Nations, Bernardo Vega, believes that the people who think that Sosa was slighted because of the color of his skin are reacting to the media coverage. "Back home people don't feel like he was slighted. I think it is presumed more in the press than back at home."

In fact, no one has criticized Sosa. Fans and ball players from different races and backgrounds are all in awe of his talent and the admirable way in which he has handled the attention and his relationship with his rival. Sosa received standing ovations at every ballpark he visited by whites and non-whites alike, even in St. Louis, at McGwire's home ballpark. People of all races everywhere cheered and rooted for this man, a Dominican rags-to-riches hero.

Any racial angle that could be injected into this inspirational display of talent and comradeship would have to be a positive one—that the racial lines have been blurred, perhaps even wiped out—by this spirited competition and the behavior of the two competitors themselves. Sammy Sosa and Mark McGwire represent two very different backgrounds and races, and together, in a single summer, they managed to unite baseball and baseball fans, something that individually could never have been done. It is precisely this combination of white middle-class suburban boy and poor shoeshine boy from the Dominican Republic, rejoicing in each other's victories, hoping for a tie, genuinely wishing each other the best of luck, that has revitalized the sport of baseball and brought nations and races together in a colorless embrace.

Only positive things can been learned from this duo: two men from such different circumstances giving *each other* a reason to cheer and be proud. Nineteen ninety-eight was a fairy-tale season, a season that gave and continues to give hope for the progress of race relations. The home run duel, fought so proudly and with so much mutual respect, is bigger than even McGwire's number 70. It was about the spirit of competition, mutual respect for incredible talent, and the appreciation of human beings and their achievements, and for the very lack of any racial tension, made that much more unforgettable.

BEYOND THE FENCES

The story of each home run ball hit by Sammy Sosa and Mark McGwire did not end with the ball clearing the fence and the runner crossing home plate. That moment was just the beginning of part two of the home run competition—the fight for the ball. Efforts to recover the record-tying, record-breaking balls hit by Sosa and McGwire have set off veritable stampedes and wrestling matches. The spirit of competition is alive in the stands and on the streets, not just on the playing field. Never before in recent memory has there been such excitement and exhilaration over a sport and a record being chased, and never before has there been such a competitive frenzy to recover the prized home run balls.

While providing some amusement, this sideshow has shown us the very best and the very worst in fans and others who have come to the ballparks trying to strike it rich. There are both inspirational examples of goodness and love of the sport, like that Sosa has set all season long, and then there are other less savory examples of mercenary gangs out for a buck who care nothing about the sport of baseball or baseball history in the making. Gangs motivated by the smell of a fast payoff have traveled to the Sosa and McGwire games, wanting only to recover the ball at any cost, even to the human condition. Fortunately, these examples are offset by others whose appreciation and joy of the sport clearly shine beyond the few autographed items that they are so thrilled to receive in exchange for the ball, the piece of history.

The recovery and aftermath of Sammy Sosa's home run ball number 61 displayed a mixture of both the uplifting and the dishonorable. Sosa's ball landed on Waveland Avenue, behind the left field stands at Wrigley Field. During the melee that ensued after the ball cleared the stands, a man was knocked over and out of his wheelchair as the hungry mob chased down the ball. Fortunately, he was not seriously injured, although he admits "they wiped me out pretty good." The ball was finally recovered by an unemployed father who sold the ball for $10,000 to a sports memorabilia collector. Enter the uplifting part; the collector went to Wrigley Field with his two young sons and gave the ball to Sosa in exchange for two autographed balls, a jersey and a bat. "My kids got to meet him. You know how cool it is that my kids got to meet Sammy? These guys are such big Sammy Sosa fans, this was worth it to them more than any amount of money in the world."

Sammy Sosa's home run ball number 62 set off a similar brawl. The ball again landed on Waveland Avenue, setting off the familiar fight for the ball—a fight which has landed in the courts. One man claims that he had recovered the ball but was jumped by someone and then lost it. He is suing the man who ended up with the ball. In the meantime, the judge ordered the ball locked up until a decision was reached. A couple of signed bats and a jersey won't do it for these two.

Perhaps most reflective of the summer of '98 and the home run chase was the retrieval and delivery of Sammy's home run ball number 63, hit in San Diego. The ball was recovered by Fabian Pérez Mercado, a father of two and manager of a bakery in Tijuana, Mexico. His reaction was "Viva Dominican Republic! Viva Mexico! Viva baseball!" He was so overjoyed to have the opportunity to meet Sammy Sosa, since in his native Mexico Sosa is adored as one of their own. "Everyone down there loves Sammy Sosa," he said. "I came out here to a number of games when there is a hot Latin player. Sammy is an example for everybody in Latin America."

With his wife and two small children, each of them kissing the ball once, he returned the ball to Sammy. In exchange, the Cubs gave Mr. Mercado two jerseys, two gloves, a bat, two balls and five caps, all signed. He was also given seven tickets for the San Diego Padres first-round playoff games. The Cubs suggested the gift of most of this paraphernalia, not Mercado. Sosa was touched by Mercado's loyalty, calling it an honor and saying, "It is amazing he comes to me with all his family and gives me the ball and also makes everybody kiss the ball first. That's something unbelievable."

The contest over the home run balls showed us the best and the worst of human nature. While the financial incentive can be understandably greater for some more than others, nothing can justify trampling people in wheelchairs or stampeding over fallen bodies. Fighting for the prized home run ball can be understood to a degree, but not at the expense of the human condition. Fortunately, the positive images linger longer, and Fabian Pérez Mercado and his family, jubilant over their opportunity to meet one of their heroes and kiss his home run ball, will last longer than any scuffle ever could.

CELEBRATING SAMMY

The celebration of a hero and of passing Roger Maris's home run number 61 took place, appropriately so, at Wrigley Field on September 20, 1998, one week after Sammy Sosa clobbered his 62nd home run against Milwaukee at the very same field. Fans had waited too long for this celebration, Sammy Sosa Day, and the atmosphere was electrifying. The stands were packed with fans bearing signs in honor of their hero. "21 Sammy, YOU'RE the Man" read one sign out in left field; "Sammy Para Presidente" read another. Thousands of people lined the streets surrounding the stadium too, and many leaned out windows or hung from flag poles, in an attempt to get a better look at what was going on inside. The entire area, both inside the stadium and out, was a sea of red, white and blue flags, the flag of the Dominican Republic, "Sammy flags." The crowd roared, in anticipation of their hero getting his deserved recognition.

All the right people were there to honor Sammy Sosa, and to be part of the best celebration that Wrigley Field has seen in decades. Sosa's mother, Lucrecya, was flown in from the Dominican Republic, as were his brothers and sisters; his wife, Sonia, sat with their four children; Bill Chase, his surrogate father, was also on hand; his extended family and best friends from the Dominican Republic had also made the trip. Sammy was surrounded by what has always been most important to him—his family and friends.

Representing the sport of baseball was Commissioner Bud Selig, Roger Maris's six children, league presidents Leonard Coleman and Gene Budig, and of course, the members of the Cubs organization, General Manager Ed Lynch and manager Jim Riggleman. Even Michael Jordan was there, watching the festivities with his children from a private sky box.

Sammy's mother, wife and the rest of his family looked on proudly, as he stood calmly, being recognized for his achievement of passing Roger Maris's mark of 61. The various tributes included a presentation by Commissioner Selig of the crystal Historic Achievement Award. Selig thanked Sammy for handling himself with the dignity that he had. "Thank you above all," he said, "for being what you've been." He also likened Sosa to other baseball greats. "Your name will forever be linked to Ruth, Aaron, Maris, Ernie Banks and Billy Williams."

The celebration continued with a congratulatory letter from Sosa's friend and rival, Mark McGwire. He was also presented with a bronze plaque by onetime San Francisco Giants great and fellow Dominican, Juan Marichal, who read a message to Sosa on behalf of the President of the Dominican Republic, Leonel Fernández Reyna. There were a host of other tributes, and then the final gift was presented to Sammy—a maroon Plymouth Prowler convertible, whose license plate read: SAMMY 98.

Sammy Sosa finally had his opportunity to thank those who had supported him all season long and throughout his long career in Chicago. "Everything I do in 1998, Chicago, you deserve it. You've been behind me one hundred percent." His tribute to his hometown fans continued, "Chicago, I love you . . . and the right field bleachers, I love you." He went on to thank everybody present at the ceremony and fans everywhere, including the Dominican Republic. When he was finished, he went over to his family, and exchanged a few words with his wife. He sheepishly returned to the microphone and said, "Excuse me, I forgot my family." The normally charming Sammy Sosa had charmed us again. He finished by saying, "Baseball has been very, very good to me." Sammy took his victory lap around Wrigley Field, waving his baseball cap in appreciation of his fans. His lap ended in a team hug, with Sammy in the middle—one big mass of love and respect. Latin music, including two new merengues written in his honor, filled the ballpark. It was Sammy's day.

On September 20, 1998, Sammy Sosa's historic

achievement was recognized by the world and witnessed by his family, his closest friends and the world on the Cubs' final scheduled home game. Luckily for fans, and largely due to Sosa's contribution to the team in getting them to the playoffs, they would have a few more opportunities to see their hero play in 1998. But for now, it was the last hurrah. It was a day that would go down in history. The celebration of an achievement and of a man, a man who had come so far but remained so close to his roots. It was a glorious afternoon that brought all nations and races together to celebrate the greatness of an athlete and of the human spirit.

Sonia Sosa, Sammy's wife, knew how much the day meant to Sammy. "He was so excited about the celebration. He was so proud about everybody—especially the fans here in Chicago. He was so excited about his American fans and the fans from [the Dominican Republic]. He was just so appreciative of everybody." That excitement and appreciation filled a stadium and a city that day, as fans showed their pride and gave their thanks to Slammin' Sammy Sosa, one of the greatest baseball players of all time.

SAMMY SOSA'S HOME RUNS

NO.	DATE	OPPONENT	PITCHER	# ON	INN.	DISTANCE
1	April 4	Montreal	Marc Valdes	0	3	371
2	April 11	at Montreal	Anthony Telford	0	7	350
3	April 15	at NY Mets	Dennis Cook (L)	0	8	430
4	April 23	San Diego	Dan Miceli	0	9	420
5	April 24	at Los Angeles	Ismael Valdes	0	1	430
6	April 27	at San Diego	Joey Hamilton	1	1	434
7	May 3	St. Louis	Cliff Politte	0	1	370
8	May 16	at Cincinnati	Scott Sullivan	2	3	420
9	May 22	at Atlanta	Greg Maddux	0	1	440

10	May 25	at Atlanta	Kevin Millwood	0	4	410
11	May 25	at Atlanta	Mike Cather	2	8	420
12	May 27	Philadelphia	Darrin Winston (L)	0	8	460
13	May 27	Philadelphia	Wayne Gomes	1	9	400
14	June 1	Florida	Ryan Dempster	1	1	430
15	June 1	Florida	Oscar Henriquez	2	8	410
16	June 3	Florida	Livan Hernandez	1	5	370
17	June 5	Chi White Sox	Jim Parque (L)	1	5	370
18	June 6	Chi White Sox	Carlos Castillo	0	7	410
19	June 7	Chi White Sox	James Baldwin	2	5	380
20	June 8	at Minnesota	LaTroy Hawkins	0	3	340
21	June 13	at Philadelphia	Mark Portugal	1	6	350
22	June 15	Milwaukee	Cal Eldred	0	1	420
23	June 15	Milwaukee	Cal Eldred	0	3	410
24	June 15	Milwaukee	Cal Eldred	0	7	415
25	June 17	Milwaukee	Bronswell Patrick	0	4	430
26	June 19	Philadelphia	Carlton Loewer	0	1	380
27	June 19	Philadelphia	Carlton Loewer	1	5	380
28	June 20	Philadelphia	Matt Beech (L)	1	3	366
29	June 20	Philadelphia	Toby Borland	2	6	500
30	June 21	Philadelphia	Tyler Green	0	4	380
31	June 24	at Detroit	Seth Greisinger	0	1	390
32	June 25	at Detroit	Brian Moehler	0	7	400
33	June 30	Arizona	Alan Embree (L)	0	8	364
34	July 9	at Milwaukee	Jeff Juden	1	2	432
35	July 10	at Milwaukee	Scott Karl (L)	0	2	428
36	July 17	at Florida	Kirt Ojala (L)	1	6	440
37	July 22	Montreal	Miguel Batista	2	8	365
38	July 26	NY Mets	Rick Reed	1	6	420
39	July 27	at Arizona	Willie Blair	1	6	350
40	July 27	at Arizona	Alan Embree (L)	3	8	420
41	July 28	at Arizona	Bob Wolcott	3	5	400
42	July 31	Colorado	Jamey Wright	0	1	371
43	August 5	Arizona	Andy Benes	1	3	374
44	August 8	at St. Louis	Rich Croushore	1	9	400

45	August 10	at San Francisco	Russ Ortiz	0	5	370
46	August 10	at San Francisco	Chris Brock	0	7	480
47	August 16	at Houston	Sean Bergman	0	4	360
48	August 19	St. Louis	Kent Bottenfield	1	5	368
49	August 21	San Francisco	Orel Hershiser	1	5	430
50	August 23	Houston	Jose Lima	0	5	440
51	August 23	Houston	Jose Lima	0	8	368
52	August 26	at Cincinnati	Brett Tomko	0	3	438
53	August 28	at Colorado	John Thomson	0	1	414
54	August 30	at Colorado	Darryl Kile	1	1	482
55	August 31	Cincinnati	Brett Tomko	1	3	364
56	September 2	Cincinnati	Jason Bere	0	6	370
57	September 4	at Pittsburgh	Jason Schmidt	0	1	400
58	September 5	at Pittsburgh	Sean Lawrence (L)	0	6	405
59	September 11	Milwaukee	Bill Pulsipher (L)	0	5	435
60	September 12	Milwaukee	Valerio De Los Santos (L)	2	7	430
61	September 13	Milwaukee	Bronswell Patrick	1	5	460
62	September 13	Milwaukee	Eric Plunk	0	9	480
63	September 16	at San Diego	Brian Boehringer	3	8	434
64	September 23	at Milwaukee	Rafael Roque (L)	0	5	344
65	September 23	at Milwaukee	Rod Henderson	0	6	410
66	September 25	at Houston	Jose Lima	0	4	420

HOME RUN BY TYPE:

SOLO	2-R	3-R	GS
37	19	7	3

HOME RUN BY INNING:

1	2	3	4	5	6	7	8	9	10+
12	2	8	5	12	8	6	9	4	0

HOME RUN BY DIRECTION:

LEFT	CENTER	RIGHT
31	17	18

HOME RUN BY MONTH:

APRIL	MAY	JUNE	JULY	AUGUST	SEPTEMBER
6	7	20	9	13	11

MARK MCGWIRE'S HOME RUNS

NO.	DATE	OPPONENT	PITCHER	# ON	INN.	DISTANCE
1	March 31	Los Angeles	Ramon Martinez	3	5	364
2	April 2	Los Angeles	Frank Lankford	2	12	368
3	April 3	San Diego	Mark Langston (L)	1	5	364
4	April 4	San Diego	Don Wengert	2	6	419
5	April 14	Arizona	Jeff Suppan	1	3	424
6	April 14	Arizona	Jeff Suppan	0	5	347
7	April 14	Arizona	Barry Manuel	1	8	462
8	April 17	Philadelphia	Matt Whiteside	1	4	419
9	April 21	at Montreal	Trey Moore (L)	1	3	437
10	April 25	at Philadelphia	Jerry Spradlin	1	7	419
11	April 30	at Chi Cubs	Marc Pisciotta	1	8	371
12	May 1	at Chi Cubs	Rod Beck	1	9	362
13	May 8	at NY Mets	Rick Reed	1	3	358
14	May 12	Milwaukee	Paul Wagner	2	5	527
15	May 14	Atlanta	Kevin Millwood	0	4	381
16	May 16	Florida	Livan Hernandez	0	4	545
17	May 18	Florida	Jesus Sanchez (L)	0	4	478
18	May 19	at Philadelphia	Tyler Green	1	3	440
19	May 19	at Philadelphia	Tyler Green	1	5	471
20	May 19	at Philadelphia	Wayne Gomes	1	8	451
21	May 22	San Francisco	Mark Gardner	1	6	425
22	May 23	San Francisco	Rich Rodriguez (L)	0	4	366
23	May 23	San Francisco	John Johnstone	2	5	477
24	May 24	San Francisco	Robb Nen	1	12	397
25	May 25	Colorado	John Thomson	0	5	433
26	May 29	at San Diego	Dan Miceli	1	9	388
27	May 30	at San Diego	Andy Ashby	0	1	423
28	June 5	San Francisco	Orel Hershiser	1	1	409
29	June 8	at Chi White Sox	Jason Bere	1	4	356
30	June 10	at Chi White Sox	Jim Parque (L)	2	3	409

31	June 12	at Arizona	Andy Benes	3	3	438
32	June 17	at Houston	Jose Lima	0	3	347
33	June 18	at Houston	Shane Reynolds	0	5	449
34	June 24	at Cleveland	Jaret Wright	0	4	433
35	June 25	at Cleveland	Dave Burba	0	1	461
36	June 27	at Minnesota	Mike Trombley	1	7	431
37	June 30	Kansas City	Glendon Rusch (L)	0	7	472
38	July 11	Houston	Billy Wagner (L)	1	11	485
39	July 12	Houston	Sean Bergman	0	1	405
40	July 12	Houston	Scott Elarton	0	7	415
41	July 17	Los Angeles	Brian Bohanon (L)	0	1	511
42	July 17	Los Angeles	Antonio Osuna	0	8	425
43	July 20	at San Diego	Brian Boehringer	1	5	458
44	July 26	at Colorado	John Thomson	0	4	452
45	July 28	Milwaukee	Mike Myers (L)	0	8	408
46	August 8	Chi Cubs	Mark Clark	0	4	374
47	August 11	NY Mets	Bobby Jones	0	5	464
48	August 19	at Chi Cubs	Matt Karchner	0	8	398
49	August 19	at Chi Cubs	Terry Mulholland (L)	0	10	409
50	August 20	at NY Mets	Willie Blair	0	8	369
51	August 20	at NY Mets	Rick Reed	0	1	385
52	August 22	at Pittsburgh	Francisco Cordova	0	1	477
53	August 23	at Pittsburgh	Ricardo Rincon (L)	0	8	393
54	August 26	Florida	Justin Speier	1	8	509
55	August 30	Atlanta	Dennis Martinez	2	7	501
56	September 1	at Florida	Livan Hernandez	0	7	450
57	September 1	at Florida	Donn Pall	0	9	472
58	September 2	at Florida	Brian Edmondson	1	7	497
59	September 2	at Florida	Rob Stanifer	1	8	458
60	September 5	Cincinnati	Dennis Reyes (L)	1	1	381
61	September 7	Chi Cubs	Mike Morgan	0	1	430
62	September 8	Chi Cubs	Steve Trachsel	0	4	341
63	September 15	Pittsburgh	Jason Christiansen (L)	0	9	385

64	September 18	at Milwaukee	Rafael Roque (L)	1	4	417
65	September 20	at Milwaukee	Scott Karl (L)	1	1	423
66	September 25	Montreal	Shayne Bennett	1	5	375
67	September 26	Montreal	Dustin Hermanson	0	4	403
68	September 26	Montreal	Kirk Bullinger	1	7	435
69	September 27	Montreal	Mike Thurman	0	3	377
70	September 27	Montreal	Carl Pavano	2	7	370

8

·

ROLE MODEL FOR THE
DOMINICAN REPUBLIC AND BEYOND

·

Sammy Sosa's accomplishments combined with his display of confidence, humility and dignity have made him a role model for not just those in his native Dominican Republic but for Dominicans, Latinos and many other people from many other nations around the world. Sosa's qualities and the example he has set have transcended both race and culture, giving hope to so many people, especially those who live in conditions similar to those that he knew as a young boy. Sammy Sosa carried himself with grace and good humor throughout a season in which he was under intense and unabating pressure, and he is an inspiration for all people who could be but do not have to be victims of stereotyping in the United States and around the world. "No matter who you are, no matter how good you are, I'm a human being. It happened to me, it can happen to other people out there. I'll never forget that."

Sammy's extraordinary talent and special qualities have been noticed by both colleagues and fans alike. Juan Marichal, the current Secretary of Sports in the Dominican Republic and former major leaguer himself, recalls his first impression of Sosa. "The first time I heard about Sammy was about ten years ago when the scouts were talking about him. I saw him play on the Dominican team and you could see he had the speed, the arm. He struck out a lot, but the way he hit the ball hard, you knew he had the potential to be a long-ball hitter. And the way he composes himself, he's so good for the kids as a role model." Many fans bring their families to the ballpark to see Sammy precisely because he embodies talent with good sportsmanship, something found too infrequently in today's top athletes. One San Diego Padres fan explained why he brought his children to the Padres game to see Sammy play. "I told them Sosa has a great character and is a great family man and is good for the game of baseball. It's important for Hispanic children and children of all races to see a man like Sosa do so much for the game of baseball. He came from a poor upbringing and he worked hard to get where he's gotten."

Sammy Sosa also sets himself apart from other successful professional athletes in the importance he places on his family. Despite his tremendous success, Sammy has not forgotten what is most meaningful in his life—his family. He is an example of loyalty and giving back. He acknowledges that he has gotten where he is today because of the support of his family and so many others, and it feels right to him to give back. He feels most thankful to his mother, and he expresses his appreciation and love for her often, something the nation witnesses as he blows her his trademark kiss after every home run he hits. "Everything I've been doing, it's not for me, it's for my mother. Whatever I do, whatever God's given me, Mommy it's for you."

Sammy takes his role as father very seriously, something that he feels is directly related to his having grown up without a father, unable to fully experience childhood. He has maintained good moral values which he passes on to his children, and he is vigilant about making sure that his success does not change him for the worse. He pledges to remain true to his values and his beliefs. "I don't want to get a big head. I was raised religious, and I'm scared what would happen to me if I did that." It was just this genuine humbleness and humanness that won the hearts of so many in 1998. This "little boy who just likes to be happy every day" was leaving an impact beyond what his talents alone ever could have produced.

The impact that Sammy Sosa has had on individuals and entire communities is perhaps most noticeable in his native country of the Dominican Republic, and especially in his hometown of San Pedro de Macorís. With both his talent and his personality, he has established himself as the country's role model. Sosamania runs wild in the streets of the Dominican Republic. It has given the people something to cheer about as well as hope. Dominican President Leonel Fernández said about Sammy's accomplishments, "This was the greatest sporting feat by a Dominican athlete in our entire history. We congratulate our Sammy Sosa in the name of the Dominican people." Sammy brought pride and dignity to an entire nation.

The pride that Sammy has inspired in the Dominican Republic is seemingly limitless. The official television station changed its programming so that thousands of Dominicans would follow the progress of their Sammy, and hours before a game, thousands of Dominicans could be found crowded around TVs both at home and in public places in anticipation of Sammy's next home run. When Sammy hit his 62nd home run, hundreds of fans in San Pedro de Macorís poured out into the streets and surrounded his mother's home, just to feel closer to their hero. Sammy Sosa dominated the headlines of every newspaper, fans wrote his current home run total on their car windows—Sosamania had taken over a country. Even the way people pick up the phone changed. Instead of answering with a "Hello," the trend had become to answer the phone with "Sammy 64" or whatever was the number of the next anticipated home run.

Everyone in the Dominican Republic is aware of the impact that Sammy Sosa's 1998 performance and the way he has carried himself throughout have had on their country. Juan Marichal sees this impact most notably on the young people, especially the young boys who play baseball. In Sammy they have a model of hard work and success, and with this they have hope for their own futures. Their seemingly impossible dream is a reality in the form of Sammy Sosa.

In recognition of his service to his country, Sammy Sosa was declared an honorary ambassador of the republic. The president of the Professional Baseball League in the Dominican Republic, Leonador Matos Berrido, declared Sosa to be the greatest Dominican player of all time, and who, because of the great spirit and positive image that he projected for his country while abroad, is also a great ambassador.

Sammy's hometown of San Pedro de Macorís plans to honor its hero with a statue dedicated to him in front of its baseball stadium. He will surely be honored for years to come by these fellow Dominicans who remain so close to his heart, his fellow country people who watched him struggle and then triumph, enabling them to live out their hopes and dreams.

The Dominican community in the United States shared equally in the excitement created by their native hero. Nearly a half million Dominicans live in New York, and they, too, were filled with joy and pride by what Sammy had achieved. One resident of Washington Heights, a

New York neighborhood with a high concentration of Dominicans, put it succinctly, "That man is our example." In Hispanic neighborhoods in Chicago, New York, Boston, Miami and many other cities around the United States, spontaneous celebrations were commonplace after any Sosa home run. Fans would drive down the street blowing their horns and yelling "Sammy—sesenta y dos," Sammy's latest home run number was painted with soap on car windows; his impact was everywhere. Sammy Sosa had filled his people and their communities with a pride that to some extent eclipsed the problems of daily life. Sammy made people happy and he proved that yes, it could happen to anyone.

Sammy Sosa's humility and talent combined provide a role model for young people and athletes from all walks of life and from all cultures and races. He has done what most sports heroes fall short of—he has become a role model and hero that has transcended race. He is, understandably, particularly inspiring for Latinos and African Americans, as they see someone to whom they can relate become a legend. They can feel good about Sammy's role as one who has broken down barriers in a society that once paid little attention to stars in the Negro Leagues, for example. He reflects well on Latino people and proves that when the opportunity is given, anyone can succeed, whether rich or poor, black or white, American or non-American. He is a hero for all the Americas, and he carries the flag for everyone in Latin America. Sosa also carries that same flag in the United States; he has become a unifying force for the various Hispanic communities that for decades have experienced frustration as minorities living in the United States. They all came together to cheer "their" hero.

Unlike many other superstar athletes before him, Sammy Sosa has touched many races, cultures and classes with his accomplishments, charm and humility. While much of his adulation comes from his having risen from poverty to become one of American sports' most beloved figures, he has earned every iota of his star status by the class and warmhearted demeanor that he has shown throughout the season, with all people at all times, fans and press alike. A class act in a class of his own, Sammy Sosa's example has given his people and people around the world encouragement, faith and a reason to feel good.

THE SPIRIT OF GIVING

Sammy Sosa commands a special affection that has nothing to do with records and batting averages. He is a role model in how he behaves and how he relates to all around him, and this is most visible in the relationships he has formed with his communities and his people. Sammy is well aware of the help and support he received that enabled him to be where he is today. Now he enjoys being in a position to give back—to those who are in need, as he was, and to those who supported him and helped him along the way.

It would be easy for Sammy Sosa to get on with his life and ignore the conditions he fought so hard to rise from and the people who are now so far from him. Sosa has a fabulous, comfortable life. He has three homes—a 55th-floor condo in Chicago, a place to stop off at in Miami and a winter home in Santo Domingo (he wanted more privacy for his family than was possible in his hometown of San Pedro de Macorís) in the Dominican Republic—where he lives with his wife, Sonia, his two girls, Keisha, five; Kenia, four; Sammy Jr., nearly two; and one-year-old Michael. Life is good for Sammy Sosa.

But Sammy Sosa's roots run deep, as does his loyalty. His values have remained unchanged, even after the intense media coverage, the almost limitless adulation and his rise to hero status. His perspective is clear. His family and his supporters are as important as they ever were. As long as he is able, he will give his gifts and do what he loves to do—make people happy.

Dominican President Leonel Fernández called the Dominican baseball players, and Sammy Sosa in particular, his country's greatest ambassadors. Sammy has taken this role seriously, and he has provided a model for his nation and the United States. His spirit of giving is not limited to just his home country either, but it extends to the United States as well, and to his adopted city of Chicago, where he has spent his entire major league career. Just as his good sportsmanship and humility have gone beyond race and nationality, so have his charitable projects.

Sammy Sosa's spirit of generosity is most visible in his native Dominican Republic. Although he has spent much of the last fourteen years away from his country, his ongoing commitment and connection to his people are in evidence around the nation. Having grown up without the luxury of a carefree childhood and under difficult conditions, Sammy is especially interested in helping the young people in his country, so that they too might have a chance at a better future. When he learned that there were no computers in his country's schools, thereby diminishing the quality of education they would need to have in order to compete in the world, Sammy donated 250 computers to be distributed to various schools around the nation. Twenty-one of these computers ended up in Sammy's hometown of San Pedro de Macorís. President Fernández called this gesture "a great contribution to the culture and development of Dominican youth."

When young ball players in San Pedro de Macorís were

lacking the proper facilities to develop their talents and skills, Sosa lent a hand, funding a baseball academy that provides young players from needy families with scholarships. The talented teenagers are recruited from around the country, and those skilled and lucky enough to attend are provided with uniforms and proper equipment, neither of which Sosa had when growing up. The players are also given room, board and training. Sammy's involvement is hands on, and he even teaches some of the clinics himself. Already five graduates from Sosa's academy have signed with four different major league teams.

The "Sammy Claus World Tour" is perhaps one of Sammy's furthest reaching charitable endeavors. Begun in December 1997, the Christmastime program delivers gifts to children in schools and hospitals in San Pedro de Macorís, Santo Domingo and to several cities around the United States. Sammy's involvement is again hands on, and when he is back in the Dominican Republic during the Christmas season, he delivers many of these gifts personally.

Sammy's other gifts to his homeland show his interest in helping the Dominican Republic raise its overall standard of living. In 1996, he constructed a $3 million office and retail building in San Pedro de Macorís, mere steps away from where he worked as a shoeshine boy. Appropriately, it was named 30-30 Plaza in commemoration of his 1993 season, when for the first time he racked up 30 home runs and 30 stolen bases. Sosa dedicated the complex to the shoeshine boys of San Pedro. In front of the building is a fountain with a statue of Sammy Sosa in the middle. Coins tossed into the fountain go to benefit these shoeshine boys.

30-30 Plaza houses various commercial business, including his two sisters' businesses—a boutique and a hair salon. There is also a nightclub called, fittingly, Club

Sammy. Sammy knows that if it weren't for the plaza, there would be many more hungry people in San Pedro de Macorís, and he is happy that he can at least provide some people with jobs they would not have otherwise. "I'm trying to do everything I can. A lot of people, when they get money, they throw it away. They forget about tomorrow. I'm trying to do this for when I retire from baseball. I know I'm not going to play forever. Someday, I'm going to have to pack everything and come home." Sammy's 30-30 Plaza is also a constant and reassuring reminder to the people of San Pedro de Macorís that although their hero is away, they have not been forgotten.

The most recent display of Sammy Sosa's concern and commitment to his native country was his involvement in helping the victims of Hurricane Georges, which whipped through his country in late September, leaving tremendous devastation to property and hundreds dead. Fortunately, Sammy's family, which had flown up for the Sammy Sosa celebration at Wrigley Field on September 20, had remained in the United States with Sammy. Sammy is thankful to God for that, but his concern was still great for his friends and fellow Dominicans who had been on the island. There were frequent phone calls back home to stay on top of the developing situation. Sosa, along with teammates and fellow Dominicans Henry Rodriguez and Manny Alexander, who also hails from San Pedro de Macorís, went to the Dominican Consulate on Saturday night, September 26, to help load trucks with food and supplies for the hurricane victims in the Dominican Republic. Sosa also organized a relief effort for the victims of the hurricane through the Sammy Sosa Charitable Foundation, a charitable organization that Sosa created in July 1998 with the objective of raising money for underprivileged children in the Dominican Republic as well as in the Chicago area. And Sosa announced that he would auction off one of his home run balls to raise additional money for the relief effort. Sammy's thoughts, prayers and efforts were with his country.

Sammy also helped to modernize the state of the emergency medical care in the Dominican Republic by contributing an ambulance when his hometown fire department could not afford one. And first on his mind, always, is his mother, for whom he bought a new house in San Pedro de Macorís. Sosa said while back home in the Dominican Republic, "I'll never forget where I came from. These are my people. I'm proud of the United States. They've given me everything I have. They gave me the opportunity to be Sammy Sosa. But I have to remember these are my people, people I have to take care of, people I have to give jobs to. This is my life."

Sammy Sosa's love of the United States has also inspired his charity work here. His Sammy Claus World Tour program operates in five cities around the country: Washington, Philadelphia, New York, Chicago and Miami. Just as in the Dominican Republic, the program makes the holiday season more special for disadvantaged or sick children by bringing them gifts they would not otherwise receive.

In the Chicago area, Sammy supports youth and the sport of baseball with his "Sammy Sundays." Sammy purchases tickets to every Sunday home game and donates them to children in the Chicago area who would normally not attend a game. He initiated this program during the 1997 season. The above-mentioned Sammy Sosa Charitable Foundation also raises money to benefit needy children in the area. Sammy says, "This foundation is my opportunity to give kids in need a chance at a better life. I was lucky enough to get the chance to play baseball. I want to give less fortunate kids the help they need."

Sammy Sosa's spirit of giving and reinvesting in the communities that are important to him is a great part of why his appeal has extended beyond his native country and beyond the Chicago area. Sammy reaches out to help when he could easily turn the other way, and people from all races and walks of life appreciate such altruism. Sammy is a role model for all his athletic, human and philanthropic qualities. His selflessness makes him a true ambassador of his country and an ambassador of the human spirit.

10

•

ENDORSEMENTS
ON THE HORIZON

•

With the recent end of the 1998 season, and with it the end of the great home run race, comes the beginning of what should be, for Sammy Sosa and his infectious smile, a very profitable off-season. Utterly charming Sammy, his personality shining through with every smile and kiss to his mother, is guaranteed to become a major product endorser. People like him, and people want to see him. Ever since he stormed into the nation's homes in June 1998, hitting 20 home runs in a single month, Americans have been charmed by this good-natured, amiable Dominican.

Sammy Sosa has the potential to become the Latino Michael Jordan in the world of product endorsement. According to *Bloomberg News'* Jerry Crasnick, Sosa is "on the verge of going where no Latin American baseball player has gone before—to the land of endorsement heavy hitters." His home run feat has given him—and his personality—national media coverage. A longtime star in the Chicago area, his 1998 performance has given him just the kind of great publicity that is easily parlayed into national media campaigns. Some say that his accent may hinder his offers, but being Latino may work to his advantage. Bob Williams, president of Burns Sports, a

Chicago firm that matches advertisers with athletes, says, "Sosa has an opportunity to be a trailblazer for Latino athletes. . . . It would be very similar to what Michael Jordan, Muhammad Ali and others have done for African American athletes."

Sammy Sosa's agent Tom Reich acknowledges that deals are in the making for Sosa to sponsor products nationally. Sosa's future as product endorser, in fact, began to take shape in July 1998, when he entered into an agreement with the Chicago-based Integrated Marketing Solutions (IMS), giving them exclusive rights to seek endorsements for the Chicago Cubs star. IMS recognized Sammy's mass appeal and is in the process of firming up endorsements on the national level for Sosa. Mark Leonard, president of IMS, is convinced that Sosa will be highly sought-after by corporate sponsors. "He's loved by fans everywhere across the country. Companies will be making a wise investment in linking with Sammy, especially those targeting the Hispanic marketplace. Plus, he's only twenty-nine and last year signed a long-term contract with the Cubs. He's got a great future ahead of him." IMS's goal will be to link Sammy's name to a few well-established companies.

Sammy Sosa will soon be seen everywhere, promoting some of our favorite products nationwide. In the meantime, he has been getting his feet wet on the local and regional level. Sammy has already been linked to the food giant McDonald's, an endorsement secured by IMS. Sosa appeared in two regional commercials—one in English and one in Spanish—for the fast food chain, promoting the new Spicy Mighty Wings. The commercial aired for three weeks in Chicago and northwest Indiana. The President of McDonald's Owners of Chicagoland and Northwest Indiana was impressed by Sosa's natural talent. "He is a natural actor—he didn't have to wing it.

We think the spot is a hit and hope to work with Sammy again in the future." A relationship between McDonald's and Sosa on a national level appears to be around the corner.

Also negotiated by IMS was a deal between Sosa and Bigsby & Kruthers, a local men's clothier chain in Chicago. Following in the steps of the Bulls' Michael Jordan and Dennis Rodman, and the White Sox's Frank Thomas, Sosa's image went up on a giant mural over the Kennedy Expressway, one of the busiest highways in the area, in late August. The mural featured a running total of Sammy's home runs. "It's only fitting that he is larger than life on the Bigsby & Kruthers wall," said Leonard.

Sosa's name is already linked to yet another giant, MasterCard. He will be appearing in a thirty-second spot for MasterCard, as part of MasterCard's "Priceless-62" advertising campaign. The commercial will pit Sosa against McGwire in the race to top Roger Maris's mark of 61 home runs in a season. The spot captures the positive spirit of the competition.

Sammy has also signed a contract with Sports Specialties. The deal has Sammy marketing three commemorative caps. The first cap will bear the embroidered words "Season to Remember" and Sammy's autograph. That cap was put on sale at the end of the regular 1998 season. The second cap will be a "Home Run Commemorative" cap and will also bear Sammy's autograph as well as his final home run total, 66. The third cap is to be a "Collector's Edition" cap. This will be available during spring training in 1999.

Whatever the products are that Sammy Sosa chooses to attach his name to in the future, we can be sure that they will be many. Bob Williams, president of Burns Sports, explains the formula in choosing an endorser. "It's who is trendy and unique that matters, and who can deliver a return on the investment." Sammy Sosa seems to nail that definition, and major advertisers are looking in his direction for help. His popularity and likability have transcended color. He is the kind of example that parents want their children to see, a sports star and success story with a positive image, free of drugs, abuse and scandal—a family man. He is what advertisers look for—a sports hero that parents welcome into their homes. Sammy Sosa will surely blaze trails—which companies are lucky enough to go along for the ride will soon be seen.

11

MOST VALUABLE SAMMY

Chicago Cub Sammy Sosa was involved in two heated races during the 1998 season—the home run race and the pennant race. The intense coverage of the home run chase could easily have distracted Sosa from his other work, that of getting his team into the playoffs, where they had not been since 1989. Throughout the entire 1998 season, Sammy Sosa handled himself in the fashion of the true hero and role model that he is. He remained focused, never losing sight of what mattered most, which was leading his team to the playoffs. Because of his ability to concentrate on the business at hand, he was able to do just that.

Pressure was never an issue for Sammy Sosa, who knew far greater pressures in his native Dominican Republic. "Pressure was for me . . . when I was a shoeshine boy trying to make it in America." Perhaps this is why Sammy was able to handle the pressure like a champion. With even the opposing teams' fans cheering for him, kids screaming his name, hoping for an autograph, and the media hounding him after every game, Sammy maintained his sense of humor, took it all in stride and had fun.

Sosa's teammates witnessed his composure every day,

since every day the media waited breathlessly for another comment, anything, from Sosa. Jeff Blauser, the Cub shortstop, marveled at Sosa's ability not to fold in the face of such a barrage of attention. "Every day they want a comment from him. It doesn't matter if he hasn't homered. It doesn't matter what he said the day before. How he has kept his focus during all of this, I have no idea." And speaking for the team he says, "The guys in the clubhouse have been in awe of him all year. Not just for what he's done on the field, even though that is incredible enough. No, the guys can't believe how well he's handled all this. It happens every day. He never lost it."

Since its current incarnation in 1931, the definition of Most Valuable Player has been "actual value of a player to a team." Nobody was more valuable to his team than Sammy Sosa was to the Chicago Cubs. He never lost sight of his goal to win the games and reach the playoffs— breaking records was not first on his agenda. To help his team he had to play for his team—not for himself. That meant not swinging for the fences when he might have wanted to. He was a team leader, valued for the selfless example he set.

Sammy Sosa is valuable for his outstanding play and for his admirable character. Sosa never fails to appreciate his family, his friends and his fans. Ever aware of where he came from and who helped him get where he is today, Sammy reaches back to help those who supported him most—with gestures, modesty and charitable acts. Sammy is valuable as a role model for his people, Latino people everywhere, and all young people who need just such a model of dignity and generosity, qualities so often lacking in professional athletes today.

While great records were broken and longtime goals met, the real joy of Sammy Sosa's 1998 season was the journey itself. A journey untainted by murmurings of racial unfairness, a journey that united blacks, whites and Latinos around the world. The remarkable display of talent, respect and humility he exhibited all season long impacted on all fans, whether in Chicago, other cities around the country or other countries around the world. Cubs dugout coach Billy Williams witnessed the positive attitude that Sammy projected throughout the season. "It was a helluva season and he seemed to decide early on to just enjoy the ride. He answered all the questions. He often did it with a laugh. He enjoyed himself and I think people liked that about him. I just admire what he's done, how he went out and did his job." Most Valuable Sammy clearly enjoyed his ride, every inch of the way. Thank you, Sammy Sosa, for letting us ride along with you.

SAMMY SOSA'S MAJOR LEAGUE STATISTICS

SAMMY SOSA'S CAREER STATISTICS—BATTING
CHICAGO WHITE SOX/CHICAGO CUBS

YR	CLUB	G	AB	R	H	2B	3B	HR	RBI	BB	SO	SB	AVG
1989	White Sox	33	99	19	27	5	0	3	10	11	27	7	.273
1990	White Sox	153	532	72	124	26	10	15	70	33	150	32	.233
1991	White Sox	116	316	39	64	10	1	10	33	14	98	13	.203
1992	Cubs	67	262	41	68	7	2	8	25	19	63	15	.260
1993	Cubs	159	598	92	156	25	5	33	93	38	135	36	.261
1994	Cubs	105	426	59	128	17	6	25	70	25	92	22	.300
1995	Cubs	144	564	89	151	17	3	36	119	58	134	34	.268
1996	Cubs	124	498	84	136	21	2	40	100	34	134	18	.273
1997	Cubs	162	642	90	161	31	4	36	119	45	174	22	.251
1998	Cubs	159	643	134	198	20	0	66	158	73	171	18	.308

RUNS (134): Finished first in National League. Also first in major leagues, topping American League mark of 127.
HOMERS (66): Broke Roger Maris's 37-year record. Finished second overall.
RBIs (158): Finished first in National League. Also first in major leagues, topping American League mark of 157.

SAMMY SOSA'S 1998 STAT SPLITS

	Avg	G	AB	R	H	2B	3B	HR	RBI	SB	CS	BB	SO	OBP	SLG
Total	.308	159	643	134	198	20	0	66	158	18	9	73	171	.377	.647
vs. Left	.287	—	164	—	47	5	0	12	35	—	—	37	54	.418	.537
vs. Right	.315	—	479	—	151	15	0	54	123	—	—	36	117	.361	.685
Home	.300	78	310	64	93	11	0	35	77	9	5	34	79	.366	.674
Away	.315	81	333	70	105	9	0	31	81	9	4	39	92	.387	.622
None on	.316	—	326	—	103	2	0	37	37	—	—	28	93	.372	.663
Runners on	.300	—	317	—	95	18	0	29	121	—	—	45	78	.381	.631
April	.340	26	103	16	35	5	0	6	16	7	4	11	24	.404	.563
May	.344	25	96	22	33	5	0	7	22	3	1	16	24	.426	.615
June	.298	27	114	25	34	2	0	20	40	0	2	6	27	.311	.842
July	.262	27	107	16	28	5	0	9	29	3	1	12	25	.336	.561
August	.322	28	115	28	37	2	0	13	28	3	1	16	35	.406	.678
September	.282	25	103	26	29	1	0	11	22	2	0	12	35	.357	.612
None on/out	.276	—	127	—	35	0	0	10	10	—	—	14	34	.352	.512
Scoring Posn	.313	—	150	—	47	6	0	13	81	—	—	29	32	.413	.613
ScPosn/2 out	.259	—	58	—	15	3	0	6	27	—	—	10	12	.368	.621
0-0 count	.340	—	47	—	16	1	0	3	11	—	—	12	0	.475	.553
After 0-1	.285	—	288	—	82	7	0	33	66	—	—	12	100	.311	.653
After 1-0	.325	—	308	—	100	2	0	30	81	—	—	449	71	.415	.656
Two strikes	.203	—	325	—	66	1	0	25	45	—	—	29	171	.267	.437
vs. Ari	.319	12	47	8	15	2	0	5	17	0	0	5	8	.377	.681
vs. Atl	.308	6	26	5	8	0	0	3		0	0	2	7	.357	.654
vs. Ch/A	.417	3	12	6	5	1	0	3	8	0	2	3	2	.5331	.250
vs. Cin	.255	11	47	8	12	1	0	4	11	0	1	1	20	.271	.532
vs. Cle	.000	2	9	0	0	0	0	0	0	0	0	0	2	.000	.000
vs. Col	.303	9	33	8	10	1	0	3	9	1	1	7	5	.415	.606

vs. Det	.333	2	9	2	3	0	0	2	2	0	0	0	2	.3331	.000
vs. Fla	.286	9	42	7	12	2	0	4	13	1	0	2	12	.318	.619
vs. Hou	.354	11	48	8	17	1	0	4	7	3	0	1	14	.367	.625
vs. KC	.308	3	13	0	4	1	0	0	2	0	0	0	3	.308	.385
vs. LA	.200	9	30	6	6	2	0	1	3	2	0	7	10	.342	.367
vs. Mil	.378	12	45	18	17	0	0	12	18	3	0	9	11	.4811	.178
vs. Min	.167	3	12	1	2	0	0	1	2	0	0	1	4	.231	.417
vs. Mon	.297	9	37	4	11	1	0	3	10	3	1	3	10	.350	.568
vs. NY/N	.382	9	34	5	13	2	0	2	5	1	2	3	6	.432	.618
vs. Phi	.368	9	38	11	14	1	0	8	18	0	0	3	5	.3951	.026
vs. Pit	.250	10	40	9	10	1	0	2	4	0	0	5	16	.333	.425
vs. StL	.318	11	44	10	14	1	0	3	8	1	0	10	12	.444	.545
vs. SD	.351	9	37	6	13	2	0	3	10	1	2	4	9	.415	.649
vs. SF	.300	10	40	12	12	1	0	3	6	2	0	7	13	.417	.550
Pre–All Star	.324	83	333	67	108	15	0	33	81	10	7	35	80	.384	.667
Post–All Star	.290	76	310	67	90	5	0	33	77	8	2	38	91	.369	.626

SAMMY SOSA'S SPEED AND POWER

YEAR	HR	RBI	SB
1993	33	93	36
1994	25	70	22
1995	36	119	34
1996	40	100	18
1997	36	119	22
1998	66	158	18

SAMMY SOSA'S CAREER FIELDING STATISTICS

YEAR	TEAM	Posn	G	GS	TC	PC	A	E	DP	FLD%
1989	Tex-CHW	OF	52	46	100	94	2	4	0	.960
1990	CHW	OF	152	137	342	315	14	13	1	.962
1991	CHW	OF	111	76	226	214	6	6	0	.973
1992	CHC	OF	67	65	155	145	4	6	1	.961
1993	CHC	OF	158	153	370	344	17	9	4	.976
1994	CHC	OF	105	105	260	248	5	7	2	.973
1995	CHC	OF	143	142	346	320	13	13	4	.962
1996	CHC	OF	124	124	278	253	15	10	1	.964
1997	CHC	OF	161	161	349	325	16	8	1	.977
1998	CHC	OF	159	159	358	335	14	9	2	.975

MOST HOMERS IN A SEASON
TOP 10 LIST

70	Mark McGwire	St. Louis Cardinals	1998
66	Sammy Sosa	Chicago Cubs	1998
61	Roger Maris	New York Yankees	1961
60	Babe Ruth	New York Yankees	1927
59	Babe Ruth	New York Yankees	1921
58	Jimmie Foxx	Philadelphia A's	1932
58	Hank Greenberg	Detroit Tigers	1938
58	Mark McGwire	Oakland A's/St. Louis Cardinals	1997
56	Hack Wilson	Chicago Cubs	1930
56	Ken Griffey Jr.	Seattle Mariners	1998
56	Ken Griffey Jr.	Seattle Mariners	1997

NOTES

Chapter 1: ESPN; *Chicago Tribune*, 9/21/98.

Chapter 3: *Baseball Weekly;* ESPN.

Chapter 4: *Los Angeles Times*, 9/24/98.

Chapter 5: *Baseball Digest*, 9/98; *Vine Line* (Chicago Cubs'
   monthly publication).

Chapter 6: *Sport*, October 1998; *New York Post*.

Chapter 7: *San Francisco Chronicle; New York Daily News;*
   ESPN: *The Magazine*, 9/21/98; *USA Today; New
   York Times*, 9/17/98, 9/18/98; AP, 9/19/98; *Chica-
   go Tribune*, 9/21/98.

Chapter 8: ESPN; *New York Times*, 9/17/98; *El Diaro, La
   Prensa*, 9/18/98.

Chapter 9: AP, *Baseball Weekly*.

Chapter 10: *Bloomberg News*, 9/22/98; Integrated Marketing Solutions, Inc.

Chapter 11: *People*, 9/28/98; *Baseball Weekly*, 9/30/98–
   10/6/98.

Other sources used in the research of this book include:

Chicago Sun-Times.

Latino Baseball.

Olesak, Michael M., and Mary Adams Olesak. *Béisbol:
   Latin Americans and the Grand Old Game.* Grand
   Rapids, MI: Masters Press, 1991.

Ruck, Rob. *The Tropic of Baseball: Baseball in the Dominican Republic.* New York: Carroll & Graf, 1993.

Sports Illustrated.

INDICE

•

AGRADECIMIENTOS

•

Me gustaría dar las gracias a las siguientes personas que tanto han facilitado mi trabajo:

A todos en Simon & Schuster, incluidos los Departamentos de Dirección, Editorial, Producción y Arte. Mi agradecimiento especial a mi editora, Becky Cabaza, con quien ha sido un placer trabajar, y a su asistente, Carrie Thomton.

A Barmark Vessali por permitirme sonsacarle tantos detalles del béisbol.

A Mercedes Lamamié por su precisa traducción al castellano para que disfruten del libro más lectores.

A mi querida amiga y agente, Laura Dail, por su inquebrantable fe en mí. Gracias, Laura, por proporcionarme otro estupendo proyecto bilingüe.

Finalmente, a mi madre por el constante apoyo y estímulo con que anima todos mis proyectos.

Gracias.

1

•

UN VIEJO JUEGO CON SABOR NUEVO

•

Sammy Sosa se acerca al plato, la muchedumbre ruge, la expectación es innegable, gritos de "SAMMY, SAMMY" llenan el estadio. Se realiza el lanzamiento, Sammy toca atrás, da un paso adelante y con un estallido del bate conecta—va, va, se fue. Da un salto, infla el aire con ambas manos y da un trote ceremonial alrededor de las bases, por la 66a vez en una temporada. Pasa el plato se toca el corazón para sus seguidores y sopla dos besos, el primero para su madre, el segundo para sus amigos y familiares en la República Dominicana. Estos distintivos gestos han deleitado a más de una nación y su historia es una en la que se basan las leyendas.

Hoy en día la vida de Sammy Sosa no puede ser más distinta de lo que era cuando crecía en el pueblo de San Pedro de Macorís en la República Dominicana. Tiene una bella esposa, Sonia, a quien conoció en San Pedro en 1990. Juntos han tenido cuatro hermosos hijos y disfrutan de una cómoda vida con casas en Chicago, Miami y la República Dominicana. Para este antiguo limpiabotas que trabajaba en las calles de San Pedro de Macorís a la tierna edad de siete años para ayudar a su madre a poner comida en la mesa, debe parece como un cuento de hadas. El largo camino de Sammy Sosa desde las calles de

su pueblo natal hasta convertirse en una leyenda del béisbol no ha estado libre de dificultades pero éstas han contribuido a aumentar la confianza en sí mismo y a fortalecer su carácter. Sammy Sosa es el producto de su crianza y de este recorrido. Es prueba de que la valentía y la perseverancia pueden superar la errónea creencia de que las dificultades siempre prevalecen.

Estos logros de Sammy Sosa, junto con su positiva imagen de jugador, son los que le han elevado al rango de héroe nacional y a héroe de las Américas. Sosa reconoce su agradecimiento a los Estados Unidos, país que le ha dado las oportunidades que le han propulsado a la cima de la fama en el deporte. También reconoce abiertamente y expresa su gratitud a sus seguidores y a todos aquellos que le han ayudado a llegar tan lejos en la vida, y la forma en que lo hace es devolviendo algo a esas personas y a sus comunidades. Su gran corazón y calor humano son evidentes tanto dentro como fuera del campo de juego. La imagen de Sammy Sosa corriendo desde el jardín derecho para abrazar a Mark McGwire después de que éste batiera el récord ostentado por Roger Maris de 61 jonrones en una sola temporada, será una difícil de olvidar; también es la que mejor capta el espíritu de la temporada del béisbol de 1998 y la pugna de los jonrones. Fuera del terreno de juego, la generosidad del jardinero derecho y su buena disposición se extienden por Estados Unidos hasta la República Dominica y más allá.

Cuando este auto declarado "chiquillo" se sube al plato de los bateadores, trae consigo a su gente, a la gente de la República Dominicana y a la gente de toda Latinoamérica. Ellos se fijan en cada uno de sus bates. Él ha dado esperanza a mucha gente que vive en condiciones que Sammy una vez experimentó por sí mismo. Omar Minay, el asistente general de los Mets, reconoce la

importancia de Sammy como ejemplo declarando la "esperanza que ha dado a tantas personas de todas partes del mundo que provienen de países en vías de desarrollo como el de Sammy". Un residente de San Pedro de Macorís habla en nombre de todo el pueblo cuando dice, "Él es nuestra esperanza. Cuando vemos lo que ha logrado Sammy, todo parece posible". Sammy sabe que es un ejemplo para muchos y se asegura de que todo lo que proyecta es positivo. Y aunque los fanáticos de Sammy sean en su mayoría hispanos, su atractivo llega mas allá de su raza. En Chicago, es más grande que la vida misma, pero toda la nación también le apoya y vitorea sus triunfos.

Durante treinta y cuatro años, el récord establecido por Babe Ruth de 60 jonrones se mantenía intocable. Durante treinta y siete años, el récord de 61 jonrones establecido por Roger Maris parecía intocable. El jonrón número 62 de Mark McGwire se mantuvo solamente por 116 horas. Y Sammy lo igualó, con lágrimas en su rostro, enfrente de 40.846 aficionados. A menudo lo comparan al jardinero y miembro del Salón de la Fama, Roberto Clemente, cuyo número 21 Sammy lleva con orgullo, Sammy Sosa ha pasado a formar parte del grupo de los grandes del béisbol. En menos de una semana, el récord individual de béisbol más importante se batió dos veces y la nación pedía todavía más.

La destacada actuación de Sammy Sosa bateando y fildeando a lo largo de la temporada de 1998, ha llevado a su equipo a donde no llegaban desde el año 1989, la post-temporada. El receptor de los Cachorros Tyler Houston dice de Sosa, "No sólo ayudó a mejorar el equipo sino que además nos entusiasmó a todos". Ese entusiasmo era contagioso y ayudó a que su equipo llegara a la post-temporada al mismo tiempo que conectaba jonrones y ganaba el corazón de toda una nación. La temporada de

béisbol de 1998 y la emoción del duelo por la corona jonronera pasará a la historia tanto por las marcas superadas como por el contagioso espíritu de deportividad y la alegría que la caracterizaron.

La temporada de 1998 fue una muestra de lo que el poder de los jonrones junto con el poder del espíritu humano son capaces de lograr. Sammy Sosa, con su talento excepcional, su consistente desarrollo como pelotero y sus notables cualidades humanas, ha unido a personas de diferentes procedencias. La singularidad de la ofensiva jonronera, los sueños de triunfo de Sammy y su generoso y abnegado espíritu han proporcionado al béisbol una de sus mejores temporadas. Sammy nos ha enseñado cómo se debe competir, actuando con orgullo y apreciación. Un intenso competidor, Sammy tampoco se olvida de que el béisbol es un juego—y que los juegos son para divertirse.

Sammy Sosa no es sólo un héroe del deporte—es la historia del inmigrante que triunfa y la fuente de orgullo y esperanza para millones de dominicanos y latinos en todo el mundo. Ha traído un nuevo sabor al pasatiempo de América. "Cada día es feriado para mí. Me despierto todo los días listo para ir a al estadio a hacer mi trabajo". Y él ha hecho algo más que simplemente eso. Sammy Sosa ha unido el deporte de béisbol y a la gente de diferentes clases sociales, razas y países en una celebración del espíritu humano. Este sorprende efecto del ejemplo de un solo hombre no hay duda de que perdurará más allá del final de la temporada.

2

LA TRADICIÓN DOMINICANA DEL BÉISBOL

La importancia de los jugadores latinos de béisbol en las ligas mayores es indiscutible. Los jugadores latinos, de hecho, representan aproximadamente el veinte por ciento del total. Y aunque el béisbol siempre se ha considerado como el pasatiempo de América, esto no ha incluido generalmente a Latinoamérica sino solamente a Estados Unidos. Pero países latinoamericanos como Cuba, Nicaragua, Méjico, Venezuela, Puerto Rico, Panamá, y la República Dominicana, en especial, tienen un largo y profundo vínculo con el deporte del béisbol. Por eso no es sorprendente que muchos de los grandes jugadores de béisbol provengan de la pequeña nación de la República Dominicana. Desde finales del siglo diecinueve, cuando los cubanos implantaron este deporte en la República Dominicana, el béisbol ha crecido tanto en popularidad como en importancia en ese país. Se convirtió rápidamente en una parte integral de la cultura dominicana, al representar una oportunidad para muchos de escaparse de la extrema pobreza de su país, un sueño en el que los jóvenes podían depositar sus esperanzas y anhelos, el sueño de una vida mejor. La tradición del béisbol en la República Dominicana está enraizada en esas esperanzas y sueños, una tradición que es fuente de

inmenso orgullo para la nación y que la define tanto a ella como a sus habitantes.

Sammy Sosa no es solo un héroe del béisbol, sino también un héroe dominicano y el producto de esta larga tradición. Él es la fuente de orgullo no sólo de una nación sino de todas las naciones de Latinoamérica, una inspiración para muchos jóvenes que siguen y continuarán siguiendo, tal como él hizo, la querida tradición del béisbol en la República Dominicana.

La historia del béisbol en la República Dominicana comenzó mucho antes de que Sammy Sosa moviera un bate fabricado por él mismo en las calles de San Pedro de Macorís. El deporte del béisbol fue introducido en la isla a finales del siglo diecinueve. Los cubanos que huían de la violencia de su patria buscaron refugio en la isla de Española, dos tercios de la isla en la parte este era la colonia española de la República Dominicana. Los franceses controlaban Haití que comprendía el otro tercio. Los cubanos llegaron eventualmente a la parte oriental de la isla, encontrándose con un medio ambiente semejante al que estaban acostumbrados. Trajeron con ellos el conocimiento del cultivo de la caña de azúcar y establecieron la industria azucarera. También llevaron el deporte del béisbol. El béisbol resultó un deporte muy compatible con la industria del azúcar ya que durante los seis meses que tardaba en crecer la caña de azúcar el béisbol era la forma más económica y conveniente de matar el tiempo. El béisbol acababa de entrar en la vida de todos los dominicanos.

Ya para cuando el dictador Rafael Trujillo tomó el poder en 1930, el béisbol había pasado de un grupo de clubes sueltos y poco organizados a una organización casi profesional con cuatro equipos bien establecidos. Trujillo tuvo un gran impacto sobre este deporte y se sabía que

después de su elección el deporte del béisbol y la política se unirían de seguro. Aunque no era un gran aficionado al béisbol, Trujillo sabía que era bueno para el pueblo y la nación. Mientras que el pueblo estuviera distraído viendo un partido de béisbol, no estaría pendiente de la política reinante en el país. Los propios dominicanos decían que durante la temporada del béisbol nunca pasaba nada. Cualquier conflicto llegaría siempre cuando acabara la temporada. Por esta razón Trujillo apoyaba el béisbol.

De los cuatro equipos establecidos en la liga dominicana, Licey, Estrellas Orientales, Aguilas Cebaeñas y Escogido, este último era el favorito del presidente ya que su hijo era un hincha de Escogido. En aquella época, aunque ahora extrañe, la mayoría de los jugadores de estos equipos no eran dominicanos. Algunos dominicanos aparecieron en las listas pero los jugadores extranjeros, incluyendo los cubanos, muchos jugadores negros de las ligas negras americanas y algunos jugadores blancos de las grandes ligas que deseaban jugar durante el invierno, dominaban las alienaciones. El carácter de Trujillo que no permitía la derrota en ningún frente se manifestó rápidamente respecto al béisbol. Enfrentado con un equipo cubano que era el único equipo capaz de vencer al equipo Ciudad Trujillo (un equipo que se había formado con los mejores jugadores de Licey y Escogido), Trujillo ordenó al ejército detener a todos los jugadores cubanos el día antes del partido. Esto lo hizo para evitar una derrota del equipo que llevaba su nombre, Trujillo. Este es uno de los muchos ejemplos de la importancia que el deporte tenía para Trujillo. Su interés principal en apoyar este deporte era su deseo de estabilizar el gobierno percatándose de que lo lograría promoviendo este deporte. Vencer a los otros equipos latinoamericanos era importante por motivos políticos para Trujillo—ya que

representaba el progreso, y no el estancamiento, del país.

El deporte recibió una dosis de vida en 1935 cuando los Rojos de Cincinnati se convirtieron en el primer club de las ligas mayores que visitó a la República Dominicana. Derrotaron tanto a Licey como a Escogido pero el entusiasmo de los dominicanos era como si hubieran vencido. Campeonatos profesionales tuvieron lugar en 1936 y en 1937, pero el final de la temporada de 1937 fue asimismo el principio de una interrupción que duró catorce años en la República Dominicana. Los campeonatos habían tenido éxito pero eran caros y se había gastado mucho dinero trayendo a jugadores de las ligas cubanas y negras. No hubo dinero hasta después del campeonato de 1937. No fue hasta 1951 que el béisbol profesional regresó a la República Dominicana.

Entretanto, tuvieron lugar dos importantes acontecimientos que cambiarían decisivamente el curso de este deporte. En 1947 con su debut con los Brooklyn Dodgers, Jackie Robinson se convirtió en el primer hombre negro que superó la barrera racial en el béisbol, igualando el terreno para otros jugadores negros o de tez oscura procedentes no sólo de la República Dominicana sino de Cuba, Puerto Rico, Méjico, Venezuela y otras naciones de Latinoamérica que ahora podían contemplar la posibilidad de jugar en las grandes ligas. Este incentivo fue uno de lo motivos del regreso del béisbol profesional a la República Dominicana. Durante décadas los dominicanos habían formado parte de la liga Caribeña cuyo centro era Cuba. El color de la piel no tenía importancia en esa liga. Sólo en Estados Unidos el color de la piel era un obstáculo para ser incluido y avanzar en este deporte. Después de la integración lograda por Jackie Robinson los buscadores de talento de las ligas mayores tornaron

su mirada hacia el sur en el Caribe y Latinoamérica en búsqueda de jugadores que habían estado observando desde hacia años pero a los que no podían reclutar para las ligas. El segundo acontecimiento reforzó la repercusión del primero. En 1948, los Brooklyn Dodgers decidieron tener sus entrenamientos en Ciudad Trujillo. El futuro del béisbol estaba cambiando y el entusiasmo por el deporte y las posibilidades que éste ofrecía le proporcionó nueva vida entre los dominicanos.

En 1951, el béisbol profesional había reaparecido en la República Dominicana, y pronto se convertiría en el punto principal de partida hacia las grandes ligas. La liga dominicana resumió la temporada de verano. Trujillo no permitió esta vez que sus jugadores fueran a jugar a los Estados Unidos porque ambas ligas jugaban en verano y si perdía a alguno de sus jugadores a alguna liga mayor de Estados Unidos la calidad del béisbol en la República Dominicana se vería negativamente afectada. La liga dominicana, compuesta por los mismos cuatro equipos, compitió durante la temporada de verano de 1951 a 1954. En 1955, sin embargo, se tomó la decisión de cambiar a una temporada de invierno invitando a las ligas mayores a participar en el juego. Trujillo se dió cuenta de que podía enviar a los mejores jugadores dominicanos a Estados Unidos en verano, mejorando la imagen de su país y que estos podían regresar a su país y jugar en invierno. A los jugadores de las ligas mayores también se les invitaría a jugar en invierno en la República Dominicana y de esta forma se estimularía una relación más estrecha con el béisbol estadounidense. A finales de los años cincuenta, Trujillo aprobó la construcción de tres parques de béisbol en Santo Domingo, Santiago y San Pedro de Macorís, pueblo natal de Sammy Sosa. Todos los parques de béisbol fueron diseñados teniendo como modelo Miami Stadium en la Florida.

Con la superación de la división racial en el béisbol y con los jugadores dominicanos libres para jugar durante los meses de verano, los sueños de jugar en las grandes ligas crecían y los latinos empezaron a ver esos sueños como una realidad. En 1956, los jugadores dominicanos alcanzaron un logro notable. Ozzie Virgil se convirtió en el primer jugador dominicano que alcanzó las grandes ligas. Virgil era un refugiado que había ido a vivir a Nueva York cuando era muy joven. De hecho ya era ciudadano norteamericano cuando jugaba para los Gigantes de Nueva York en 1956. Dos años más tarde fue traspasado a los Tigres de Detroit, convirtiéndose en el primer jugador de color de este equipo norteamericano.

Los dos primeros dominicanos residentes en República Dominicana contratados para jugar en los Estados Unidos fueron el lanzador Juan Marichal y el toletero Felipe Alou. Ambos daban fe de que los sueños se convierten en realidad. Para ellos el béisbol había sido una forma de escape, además de la oportunidad de lograr una mejor vida para ellos y sus familias. Tanto Marichal, que hoy es Secretario de Deportes de la República Dominicana, y Alou por estas fechas también habían firmado con la grandes ligas reuniéndose con sus compatriotas en los Gigantes de San Francisco. El equipo de los Gigantes en 1962 fue el único que con una alineación con mayoría de latinos logró llegar a la Serie Mundial. La alineación incluía a Juan Marichal, Felipe Alou, Orlando Cepeda y José Pagán, que jugaban casi a diario, además de Matty Alou y Manny Mota. Perdieron la serie ante los Yankees de Nueva York que sólo tenía dos jugadores latinos de béisbol. De todas formas, Marichal y los hermanos Felipe y Matty Alou recibieron bienvenida de héroes cuando regresaron a la República Dominicana al terminar la temporada. Se habían convertido en héroes nacionales—y símbolos de esperanza para su nación. A

finales de los sesenta, el impacto de los jugadores latinos en las ligas mayores era claro e innegable.

Mientras que la situación de los jugadores latinos de béisbol había mejorado considerablemente en la década de los cincuenta, eran aceptados en las ligas mayores y que se les contrataba para jugar en Estados Unidos, el terreno de juego todavía no estaba igualado. Los jugadores latinos eran vistos como mano de obra importada barata, y la opinión de muchos era que deberían estar agradecidos por tener la oportunidad de jugar en Estados Unidos y aceptar cualquier salario ya que en la República Dominicana nunca ganarían lo que estaban percibiendo en Estados Unidos. Felipe Alou batalló este problema cuando después de batear .316, el mejor promedio de esa temporada, le ofrecieron una aumento de tan solo $2,000. Después de tensas negociaciones consiguió aproximarse a la cantidad que deseaba.

La imagen del jugador latino en las ligas mayores ha mejorado sustancialmente y ahora son los menos los que piensan que la raza es una desventaja. Desde 1980 los sueldos se dispararon, igualando el campo de juego pero siendo la causa del cambio en la tradición de los jugadores dominicanos de regresar a casa durante la temporada de invierno y jugar para sus seguidores. La mayoría de los jugadores latinos de las ligas mayores no precisaban el bajo sueldo que recibirían por jugar en inviernos en la República Dominicana, y cada vez son menos los jugadores dominicanos que juegan en casa una vez que alcanzan las ligas mayores. Y es una realidad difícil de discutir, ya que los jugadores reciben sueldos millonarios de sus equipos y no se pueden permitir el lujo de jugar fuera de temporada y lesionarse lo que dificultaría o podría terminar con sus carreras.

Aunque los sueldos mejoraron, todavía había personas que consideraban que los jugadores latinos eran tempera-

mentales y que no sabían controlar sus emociones en público. Juan Marichal pensaba que todavía había prejuicio contra los jugadores latinos en las ligas, en especial cuando surgió su candidatura para el Salón de la Fama en 1981. Como el lanzador con más victorias en la Liga Nacional de 1963 a 1969, cualquier otro jugador no hubiera tenido ningún problema en ser elegido. Los votos a favor de Marichal, sin embargo, no fueron suficientes, originando un grito de protesta en el mundo del béisbol. Eventualmente fue elegido al Salón de los Famosos en 1983 y dedicó este honor no sólo a los dominicanos sino a todos los latinos, manifestando que este honor representaba una victoria para todos ellos. Marichal además dijo "Después de haberlo logrado, les dije que si hubieran ido a mi país y hubieran visto cómo y dónde crecí y lo lejos que había llegado en el mundo del béisbol, habría logrado este honor hace mucho tiempo". Su historia, parecida a la de Sammy Sosa, es una de inspiración y esperanza. Hoy él es el símbolo del camino emprendido por el béisbol dominicano. El mejor lanzador latino de su época, probó que un dominicano podía jugar en las grandes ligas y ser el mejor. Marichal, como Sosa, había tenido que improvisar de joven para poder jugar. Hacía sus propios bates con ramas de arboles, utilizaba tela de lona enrollada alrededor de un pedazo de cartón como guante y bolas de golf envueltas en calcetines de nilón. Su tesón y dedicación sirvieron como toque de atención a los dominicanos que se desanimaban fácilmente.

Juan Marichal fue uno de muchos dominicanos que se encontró con barreras, las superó y que merece crédito por su aportación al triunfo hoy en día de los jugadores latinos en las grandes ligas. Los hermanos Alou son una familia que también merece crédito, una familia que soñó el mismo sueño y que continuan haciéndolo hoy. Los tres hermanos, Felipe, Matty y Jesús, tuvieron una exitosa

carrera en las grandes ligas. Felipe sigue envuelto en el deporte como mánager de los Expos de Montreal. Su hijo Moisés juega para los Astros de Houston, continuando así la tradición familiar del béisbol. César Cedeño es otra historia de éxito dominicano. Nacido en Santo Domingo, su carrera en las grandes ligas duró de 1970 a 1986. Durante este tiempo recibió el Guante de Oro por fildear cinco veces además de jugar en cuatro Juegos de Las Estrellas de la Liga Nacional. Otra historia de triunfo y oriundo del mismo pueblo que Sammy Sosa, San Pedro de Macorís, Pedro Guerrero debutó con los Los Angeles Dodgers en 1978, el principio de una carrera que le proporcionaría el título del Jugador Más Valioso en la Serie Mundial de 1981. Rico Carty, otro oriundo de San Pedro de Macorís, también dejó su huella en el béisbol. Debutó en las mayores en 1963 y continuó jugando hasta 1979. Otros dominicanos que han hecho mella en el deporte, poco después de que éste se abriera para ellos, incluyen a Julián Javier, y los nativos de San Pedro de Macorís, Joaquín Andújar y George Bell, Tony Peña, Tony Fernández y Junior Félix, entre otros.

Sammy Sosa fue el producto de todos los que le precedieron—obra de la tradición cuyas raíces son el trabajo duro, la perseverancia y tener un sueño. Con ejemplos como sus compatriotas Juan Marichal y otros latinos y negros que le precedieron y que rompieron las barreras raciales como Jackie Robinson y Roberto Clemente, Sosa sabía lo que le esperaba y que todo era posible. Sus logros no son menores por ser un héroe de hoy. Sus logros son tan grandes como los de aquellos que le precedieron. Su deseo de escapar las duras realidades económicas de su país nativo eran tan reales como las de aquellos jugadores que las experimentaron antes y sus sueños de jugar profesionalmente en los Estados Unidos eran y siguen siendo el mismo sueño. En un país que

históricamente ha sido poco amable con los inmigrantes y poco cordial con muchos peloteros que precedieron a Sammy Sosa, Sosa es una moderna historia de éxito. Su triunfo marca el principio de una época en la que el béisbol ha aproximado a las distintas razas en una relación más armoniosa, una época donde los jugadores y aficionados celebran juntos no importa la raza, país o equipo. Como los que le precedieron, Sosa ha dado esperanza no sólo a los dominicanos sino a las gentes de todas partes del mundo en especial de los países pobres que necesitan ver que no hacen falta milagros para triunfar sino tener un sueño y trabajar duro.

El producto de una tradición de béisbol, Sammy Sosa se ha vuelto el símbolo de una nación. Sammy ama y abraza a Estados Unidos porque sabe que mucho de lo que ha logrado se debe a las oportunidades que le ha brindado este país, pero al mismo tiempo es un dominicano de corazón. Sus prioridades son su familia, sus amistades y su país. Está por siempre unido a la tradición que le trasladó a lo que es hoy, un jugador de pelota americano pero un héroe dominicano.

3

SAN PEDRO DE MACORÍS—
DONDE COMENZÓ TODO

El largo camino para Sammy Sosa comenzó en una isla situada a ochocientas millas al sur de Florida, en una ciudad situada en la costa sudeste de la isla de Española. Con una población de 125.000 habitantes, San Pedro de Macorís es la cuarta ciudad en importancia de la República Dominicana. Famosa por abastecer famosos peloteros latinos a las ligas mayores norteamericanas, esta ciudad contribuye aproximadamente un tercio de todos los jugadores dominicanos que han alcanzado las mayores. San Pedro de Macorís dio la bienvenida a una futura estrella, Sammy Sosa, el 12 de noviembre de 1968.

Sammy era el quinto de seis hijos, cuatro niños y dos niñas. La vida en San Pedro de Macorís estaba llena de dificultades al igual que en otras partes del país, algo que no ha cambiado mucho hasta la fecha. Aproximadamente dos tercios de la población dominicana viven hoy en día en la pobreza. Aunque muy pobres, el espíritu de su gente es rico. Como en otros pueblos latinoamericanos, la vida de las personas tiene lugar en la calle y en el pueblo de San Pedro de Macorís reina la felicidad a pesar de las muchas carencias. Los vendedores callejeros anuncian a gritos sus oportunidades del día, el merengue suena, los hombres sentados fuera de las cantinas del

barrio hablan para matar la tarde o juegan al dominó, la colada cuelga a la vista de todos y las motocicletas discurren veloces por las polvorientas calles, todas estas son imágenes de San Pedro de Macorís y de muchos otros pueblos y ciudades a lo largo y ancho de la República Dominicana. Las características de muchos pueblos y ciudades dominicanas es la extremada pobreza disfrazada por una vida callejera vital y por las personas que aplauden la victoria de cualquier compatriota como si fuera la suya propia, una gente extremadamente leal a la familia y a los amigos y apasionada por el béisbol y sus héroes. En el pueblo natal de Sammy hay un estadio como de pequeñas ligas metido entre dos edificios residenciales. Este abandonado terreno de juego conocido como "Méjico" por los buscadores de talento de las ligas mayores, se convertiría en la plataforma de lanzamiento para las ligas mayores de muchos y ambiciosos jóvenes dominicanos, entre ellos Sammy Sosa. La ciudad de San Pedro de Macorís, quizás tercermundista en términos de nivel de vida pero de primera clase en lo que concierne a talento, es legendaria por el talento que ha aportado al mundo del béisbol. Sueños de béisbol y de una mejor vida penetran la vida de esta ciudad donde nació Sammy Sosa y donde también él, con sus sueños y metas, se convertiría en leyenda.

Sammy Sosa, como muchos compatriotas suyos dominicanos, creció en una familia llena de problemas financieros y sin ninguna garantía o seguridad de futuro. Sammy vivía con sus padres y cinco hermanos y hermanas en un pequeño apartamento de dos dormitorios situado en la parte trasera de un hospital. Dormía en el suelo. Su padre, Juan Montero, era labrador de oficio pero murió cuando Sammy tenía tan sólo siete años dejando a su familia con todavía más problemas que superar. Su madre, Lucrecya, cocinaba para los obreros de una

fábrica para poder alimentar a sus hijos pero sus ingresos no eran suficientes para sustentar a su familia. Necesitaba la ayuda de sus hijos para asegurar que habría comida en la mesa para todos.

Sammy pronto salió a la calle con sus hermanos en búsqueda de cualquier tipo de trabajo honesto que le brindara unos pesos para llevar a la casa. Como hacen los pobres de su país hoy en día, trabajaba en lo que podía—vendía naranjas, lavaba carros, lustraba zapatos—cualquier cosa por ayudar a su madre. Tenía su propio cajón de lustrar zapatos con betunes que cargaba mientras recorría las calles en búsqueda de algún cliente que le pagara dos centavos por sus servicios. Trabajaba en el centro de la ciudad, cerca de la playa iba allá donde encontrara una clientela que pagaran, su caja hacía las veces de soporte para los pies de sus clientes. La niñez de Sammy desapareció antes de convertirse en un adolescente. Debido a las circunstancias económicas y a la pobreza de su país tenía que vivir de una forma que le permitiera ayudarse a sí mismo y a su familia a subsistir. Y aunque no sentía infelicidad no había forma de escapar la pobreza que le rodeaba. A pesar de que Sammy y sus hermanos trabajaban duro en la calle para conseguir unos cuantos pesos, sabía que esta no era la forma a largo plazo de solucionar su problema. "No hay manera de conseguir dinero rápidamente para ayudar a tu familia a menos que seas jugador de béisbol o cantante", decía Sosa. La realidad estaba clara y también las alternativas.

Todo el mundo en la República Dominicana conocía cómo el béisbol había cambiado la vida de dominicanos tales cómo Juan Marichal, los hermanos Alou y muchos, muchos otros. Estos héroes habían hecho posible creer que su éxito era posible para todos. Eran ejemplos vivientes de que la lucha y el esfuerzo llevan al éxito, la fama y a escapar la pobreza diaria que conocían todos

íntimamente. El sueño era obvio; pero dadas las condiciones ínfimas que muchos dominicanos experimentaban, incluido Sammy y su familia, alcanzar esa meta era harina de otro costal. El deseo exclusivamente no era suficiente para superar la pobreza que Sammy y su familia conocían tan bien; iba a necesitar una mezcla del deseo de ayudar a su familia, de su talento innato por el deporte, además de un poco de suerte para dar con la combinación que pronto lanzaría a Sammy rumbo a las grandes ligas del norte.

La extrema pobreza en la República Dominicana se compensaba por una igual extrema pasión por el béisbol. Casi todo el mundo en San Pedro de Macorís conocía a alguien o tenía un familiar que estaba tratando de mejorar su vida a través de las Ligas Mayores. Aunque la mayoría conocían que las probabilidades estaban en contra de ellos, aquellos jugadores dominicanos que habían logrado salir de San Pedro para los Estados Unidos eran suficiente inspiración para muchos. Además el pueblo natal de Sammy tenía ya ganada la fama de producir talentosos jugadores de pelota y los buscadores de talento de las grandes ligas viajaban a menudo a San Pedro de Macorís en búsqueda de nuevo talento para contratar.

Al contrario que otros niños de la edad de Sammy, éste no comenzó a jugar al béisbol hasta que tuvo catorce años, una edad en la que la mayoría ya han desarrollado sus habilidades y talento. Este tardío empezar se debía, sin duda, a la realidad de la situación familiar y mientras que los otros chicos de su edad podían jugar afuera con sus amigos, Sammy a la edad de nueve años estaba en la calle tratando de ganarse la vida para ayudar a su madre y apoyar a su familia. A Sammy también le había atraído más el boxeo, otro de los deportes populares en la República Dominicana y no había pensado demasiado en

el béisbol. Fue unos de sus hermanos mayores él que
animó a Sammy a empezar a jugar al béisbol. Cuando se
convenció, Sammy se volvió creativo como Juan Marichal y otros que le precedieron. Como no tenía el dinero
para permitirse el lujo de comprarse un equipo recurrió a
su ingenio para improvisar lo que necesitaba. Confec-
cionó un guante con un cartón de leche y un calcetín bien
atado le sirvió de pelota. Cualquier palo que encontraba
le servía de bate. Y así Sammy y sus compinches jugarían
en las polvorientas calles de San Pedro, esperando, no
hay duda, que algún cazatalentos americano o local les
viera de camino al estadio de béisbol "Méjico". Sammy
no tenía dinero para ir a jugar a los campos de béisbol de
la ciudad donde jugaban los equipos locales; su juego
permaneció, de momento, en las calles de San Pedro de
Macorís. A pesar de lo inadecuado del campo de juego y
de su equipo raído y pobretón, las esperanzas de Sammy
se alimentaban de los héroes dominicanos del béisbol
que procedían de esas misma calles donde muchos de
ellos se habían encontrado en los mismos apuros que él
pero que habían prosperado aun cuando los pesimistas
pronosticaran que no lo harían.

La primera oportunidad para Sammy Sosa no se le
presentó a través de un buscador de talentos de las
grandes ligas que le descubriría en las calles de San Pedro
de Macorís sino a través de un americano propietario de
una fábrica en San Pedro. Bill Chase vivía en la República
Dominicana desde 1979. Era propietario de una fábrica
en San Pedro y a menudo cuando paseaba por las playas
con sus colegas paraba para que le limpiaran los zapatos.
Un día Chase se topó con Sammy y sus hermanos en un
puesto cercano a la playa. Le impresionó lo duro que
trabajaban los muchachos y a menudo regresaba allí para
que le lustraran los zapatos. Chase empezó a llevarles
golosinas que Sammy y su hermano guardaban para

entregar a su madre. También empezó a dar a los chicos unos pesos extras por su duro trabajo. Lo que había empezado como una relación de trabajo se transformó en amistad. Bill Chase se había convertido en un padre para los chicos que habían crecido sin una figura paterna en el hogar.

Bill Chase ayudó a los chicos en formas que pronto cambiarían el curso de sus vidas. Al hermano de Sammy le dio un trabajo en su fábrica de San Pedro, y con el sueldo ayudaba a su necesitada familia. Pero a Sammy le dio algo que todavía tenía más valor. Después de ver jugar a Sammy con sus amigos en la calle, Chase se dio cuenta de que tenía un talento especial. "Tenía habilidad innata", dijo Chase. "Esto no es América donde los jóvenes juegan las Ligas Infantiles". Sammy necesitaba que le dieran una oportunidad, y Bill Chase fue quien se la brindó. Chase regresó de un viaje a los Estados Unidos con un regalo para Sammy, un guante de béisbol. Este regalo incendió el interés de Sammy por el béisbol. Chase que creía en su talento innató lo animó a jugar.

La amistad entre Bill Chase y Sammy Sosa que había comenzado en las playas de San Pedro de Macorís es todavía una parte importante de la vida de estos dos hombres. Y el talento que Chase descubrió en Sammy a la edad de catorce años está hoy a la vista para el disfrute de todos no sólo los habitantes de San Pedro de Macorís pero los de todo el mundo.

La innata habilidad atlética de Sammy Sosa con el bate y el guante no podía ser ni fue pasada por alto. En menos de dos años desde que su "papá" Chase le trajera un guante de béisbol de los Estados Unidos, la gente se empezó a fijar en su juego. El talento de Sammy fue descubierto por un buscador de talento americano que inmediatamente lo firmó para los Philies de Filadelfia. El

contrato fue anulado más tarde—Sammy tenía sólo quince años—pero no tendría que esperar demasiado para viajar al norte. El 30 de julio de 1985 a la edad de dieciséis, Sammy firmó su primer contrato profesional con los Rangers de Texas como agente libre. El béisbol iba a cambiar su vida y la de su familia más allá de lo imaginable. Sammy había abandonado la pobreza de San Pedro de Macorís, y su caja de lustrar zapatos, para siempre.

Sammy Sosa creció pobre, en una ciudad donde todo lo que le rodeaba impedía su progeso y sin la figura de un hombre en casa a quien pudiera emular y del que pudiera aprender. Sus modelos de conducta fueron los jugadores de béisbol dominicanos que le habían precedido y que habían superado situaciones parecidas a las suyas y que habían triunfado, héroes nacionales. Empujado a mejorarse y a mejorar la situación de su familia, a Sammy se le negó la niñez. El adolescente que firmó con los Rangers de Texas a la edad de dieciséis era de hecho un hombre, ya hacía tiempo que lo era, debido a la situación que le había tocado vivir debido a las duras condiciones de vida en la República Dominicana. Pero al mismo tiempo era un hombre que tenía mucho que aprender. Pronto se le presentarían otras dificultades en su vida. Tendría que vérselas con otra cultura y otro idioma y no contaría con el apoyo de sus amigos y familiares dominicanos para ayudarle en esos tiempos difíciles. Tendría que amoldarse a vivir y a jugar al béisbol en los Estados Unidos y a hacerse entender en un idioma que hablaba poco. Su verdadero viaje acababa de empezar.

Cuando se fue de San Pedro de Macorís en 1985, Sammy Sosa se embarcó en un viaje que ni él podía vislumbrar. El joven que soñaba con los legendarios jugadores de béisbol que se habían convertido en héroes

de su pueblo y que habían jugado en "Méjico" el destartalado campo conocido por los buscadores de talento y los residentes, estaba a puntos de seguirles los pasos. Y como otros jugadores que se habían ido de San Pedro de Macorís y de la República Dominicana antes que él para dejar su marca en las mayores, no se olvidaría quién era y de dónde venía, ni de sus familiares ni amigos que le ayudaron a llegar a su meta. "Para el dominicano la familia es lo primero", explica Sosa en una entrevista. Dice que los jugadores latinos que triunfan en las ligas mayores nunca se olvidan de donde son o lo que han dejado atrás. "Porque siempre están regresando a casa para cuidar a 'mi madre, mi padre, mi primo, mi tía'— todo el mundo".

La importancia de la familia en la estructura social dominicana no se pierde por la distancia. Nunca se olvidaría de la generosidad de un extraño, el gringo Bill Chase, con su figura de padre, y cuyo afecto y apoyo brillaría un día a través de la personalidad de Sammy. Ni tampoco olvidaría lo malo—la falta de dinero y las condiciones ínfimas en que vivió, teniendo que trabajar tan duro de joven cuando a otros niños de su edad sólo les preocupaba jugar. La República Dominicana, su cultura, su gente, su esencia eran y serían lo más importante en la vida de Sammy.

Sammy Sosa sigue siendo la suma de todas sus experiencias, las buenas y las malas, dominicanas y americanas. Su increíble juego, su lealtad como amigo, su devoción como hijo, esposo y padre y su humildad—todo esto tiene sus raíces en sus vivencias en San Pedro de Macorís. Y aunque ahora esté sentado en su vivienda en el piso 55 de un lujoso edificio de Lake Shore Drive en Chicago que comparte con su esposa, Sonia, y sus cuatro hijos, todavía sigue siendo el mismo chiquillo rasguñado

que se levantó de las polvorientas calles de San Pedro de Macorís; su espíritu no ha cambiado. Puede haber dejado la República Dominicana persiguiendo un sueño, pero el final del viaje que comenzó un día en 1985 sería una entrega a su país y a su gente que le ha unido todavía más a ellos como si nunca se hubiera ido.

4

EL ASCENSO DE UN HÉROE

El largo camino de Sammy de chico callejero a héroe de béisbol de las Américas comenzó con la organización de los Rangers de Texas, en su sistema de pequeñas ligas. Firmó como agente libre en 1985 y a la edad de dieciséis años se embarcó en lo que sería un camino lleno de satisfacciones pero que no estaría desprovisto de desafíos. Entregó inmediatamente su adelanto de $3.500 a su madre, el primero de muchos obsequios que Sammy podría permitirse el lujo de regalarle durante su carrera. Lo que en un momento había sido sólo un sueño— llamar la atención de algún buscador de talento de las grandes ligas—se había convertido en una realidad, pero Sammy no sabía, ni se podía imaginar, lo que le esperaba.

Sammy Sosa, como novato, fue traspasado por Sarasota, Florida a los Rangers del Golfo, la liga de los novatos de este club. Los problemas de adaptación surgieron de inmediato. La nueva cultura e idioma hicieron que su vida en Estados Unidos se volviera un reto. Como muchos jugadores latinos que habían venido a los Estados Unidos, su conocimiento del inglés era muy pobre. Tenía dificultades en comunicarse con casi todo el mundo. Sammy recuerda bien esa primera etapa de su carrera. "La primera vez que viví en los Estados Unidos

fue muy distinta porque no lograba comunicarme ni con mis compañeros de equipo ni con la gente que me rodeaba".

Pero Sammy pronto imaginaría una estrategia para sobrevivir. Después de los entrenamientos y de los juegos iba a comer con sus compañeros a restaurantes de comida rápida. Como no sabía cómo ordenar la comida, repetía la orden de la persona que tenía delante de él. El resultado era que muchas veces consumía lo mismo casi todos los días pero al menos había evitado tener problemas con su inglés. También se sentía más cómodo con los otros jugadores latinos y podía depender más en ellos. "Tuve suerte porque había unos cuantos jugadores puertorriqueños con los que me juntaba. Me ayudaron mucho. De esta forma pude comprender cómo era la vida aquí en los Estados Unidos. Después tuve la oportunidad de superar la transición y todo se volvió más fácil".

El juego de Sammy Sosa durante su primera temporada de jugador profesional fue aceptable. Bateó un promedio de .275, jonroneó cuatro veces, robó 11 bases y remolcó 28 carreras impulsadas.

Jugó la temporada de 1987 en Gastonia, donde pudo mejorar sus marcas sustancialmente. Aumentó su promedio de bateo a .279, robó 22 bases y registró 59 impulsadas. También consiguió el récord de 73 anotadas. A mitad de temporada se convirtió en la estrella de la Liga del Sur del Atlántico.

La temporada de 1988, la tercera para Sosa, la pasó en Port Charlotte (A). De nuevo su juego fue aceptable, liderando la Liga del Estado de la Florida en triples, con 12, y alcanzando el número más alto de su carrera de bases robadas, con 42. El talento de Sammy se estaba manifestando y desarrollando durante el transcurso de estos primeros años, estaba claro que su velocidad y su poder serían las armas con las que sus contrincantes

tendrían que lidiar. Sammy tendría muy pronto la oportunidad de dar a los jugadores de las grandes ligas una
muestra de lo que les esperaba.

Sammy Sosa tuvo su primera experiencia con las grandes
ligas durante la temporada de 1989. Fue un año que
Sammy vivió en constante movimiento, ya que empezó de
nuevo con otro club de las ligas menores y después jugó en
las mayores con dos diferentes equipos. Sosa inauguró la
temporada de 1989 con los Texas Tulsa, un club AA. La
temporada comenzó bien. En los 66 juegos que jugó para
este equipo, tuvo un promedio de bateo de .297, consiguió
siete cuadrangulares y 31 carreras impulsadas. Le llamaron
de las grandes ligas y el 16 de junio Sammy Sosa hizo su
debut en las mayores con los Rangers de Texas contra
Nueva York, bateando de 4-2. Su primera imparable la
obtuvo contra el lanzador Andy Hawkins. Sosa bateó el
primer cuadrangular de su carrera del lanzador de Boston,
Roger Clemens. El 20 de julio, después de tan sólo 25
apariciones con los Rangers de Texas con un promedio de
bateo de .238, Sosa fue ofertado a Oklahoma City (AAA).
Su estancia en Oklahoma fue corta y después de jugar tan
sólo 10 juegos fue traspasado por los Rangers de Texas a
los Medias Blancas de Chicago. El intercambio incluía el
lanzador Wilson Alvarez y el jugador del cuadro Scott
Fletcher además de Sosa, a Chicago a cambio del jardinero
Harold Baines y el jugador de cuadro Fred Manrique.

El 29 de julio de 1989 comenzó lo que sería una larga
relación entre Sammy Sosa y la ciudad y el béisbol de
Chicago. Los Medias Blancas de Chicago lo asignaron a
Vancouver (AAA), donde bateó .367 en 13 juegos.
Menos de un mes más tarde, el 22 de agosto, fue llamado
por los Medias Blancas e hizo su debut esa misma noche
contra Minnesota. Bateó 3 de 3, largó un jonrón, dos
carreras impulsadas y consiguió dos anotadas.

Su sobresaliente juego con las mayores durante la

temporada de 1989 propulsaron la carrera de Sammy
Sosa desde las pequeñas a las grandes ligas de Chicago.
Con la excepción de una visita de un mes a Vancouver
(AAA) que tuvo lugar en 1991, Sammy Sosa se había
establecido como un jugador de grandes ligas, cuatro
años después de haber dejado la vida en las calles de San
Pedro de Macorís persiguiendo un sueño.

ESTADÍSTICAS DE BATEO DE SAMMY SOSA EN LAS LIGAS MENORES

AÑO	CLUB	J	VB	A	H	2B	3B	J	I	VB	P	BR	PRO.
1986	Gulf-CoastR	61	229	38	63	19	1	4	28	22	51	11	.275
1987	Gastonia	129	519	73	145	27	4	11	59	21	123	22	.279
1988	Charlotte, FL-A	131	507	70	116	13	12	9	51	35	106	42	.229
1989	Tulsa-AA	66	273	45	81	15	4	7	31	15	52	16	.297
	Oklahoma City-AAA	10	39	2	4	2	0	0	3	2	8	4	.103
	Vancouver-AAA	13	49	7	18	3	0	1	5	7	6	3	.367
1991	Vancouver-AAA	32	116	19	31	7	2	3	19	17	32	9	.267
1992	Iowa-AAA	5	19	3	6	2	0	0	1	1	2	5	.316

Sammy Sosa jugó su primera temporada completa con
las ligas mayores en 1990 para los Medias Blancas de
Chicago. Y mientras Sosa se había convertido en un buen
bateador y un excelente fildeador en su carrera con las
menores, trajo a las ligas mayores la impaciencia y el estilo
de pegar que le hicieron famoso. Pero a pesar de todo
todavía Sammy no había templado su juego. Durante sus
dos primeros años con Chicago, se ganó rápidamente la
fama de ser un jugador egoísta más preocupado por sus
propias marcas que por la suerte del equipo. Esto es algo
que todavía hoy recuerda Sammy y de lo que es hasta
capaz de bromear: "Estaba intentando jonronear dos veces
con una vez al bate". Sammy también tenía la fama de ser

un jugador apasionado, alguien que amaba lo que estaba haciendo y que estaba agradecido por lo que tenía, especialmente dadas las circunstancias de las que había venido.

Con esta doble reputación, Sammy terminó su primera temporada con las ligas mayores con un promedio de bateo de .233. Sus marcas eran bastante buenas. Logró 26 dobles, 10 triples, 15 cuadrangulares además de 70 carreras impulsadas y 32 bases robadas. Era el único jugador de la Liga Americana que consiguió números dobles en dobles, triples, jonrones y bases robadas esa temporada, las 32 bases robadas le situaron séptimo en la liga. También se colocó segundo entre los jardineros de la Liga Americana con 14 asistencias.

El número que no era demasiado bueno era los ponches de Sammy, que sumaban 150. Su tendencia a pegar fuera iba de la mano de su falta de disciplina en el plato. Y su tendencia a tirarle a la bola a demasiados lanzamientos. Sammy admite que esto era un problema para él al principio de su carrera y que no fue hasta hace poco que alcanzó la madurez y paciencia suficientes para controlar su bateo y esperar un buen lanzamiento. "Me convertí en un jugador profesional de béisbol con mucho talento pero sin disciplina en el plato porque de pequeño no tenía tiempo de jugar".

Reconoce que quería hacerlo todo por y para sí mismo sin pensar en el equipo. Su talento era evidente para todos al comienzo de su carrera profesional pero también su debilidades, que le obstaculizarían en los próximos años.

En su temporada de 1991, su última con los Medias Blancas, Sammy parecía estar luchando. En julio estaba pegando tan sólo .200 (51-255), y como resultado fue ofertado a Vancouver (AAA) el 19 de julio. Pudo mejorar sus marcas durante los 32 juegos que jugó para Vancou-

ver. Bateó .267, conectó cuatro jonrones y obtuvo un récord de 19 carreras impulsadas. El 27 de agosto, le llamaron de vuelta los Medias Blancas y terminó con un promedio de bateo de .203 en 116 juegos.

Su nivel de juego había caído de la anterior temporada. La fama de Sammy de ser uno de los jugadores en el béisbol con menos paciencia se vio reforzada con las pobres marcas de Sammy en el año 1991. Continuó jugando buscando el estacazo y no se concentró en avanzar a los jugadores de base o de proteger el plato con dos strikes. Su velocidad era todavía un factor importante, pero robaba bases cuando no era importantes para el juego, todo en un esfuerzo, que otros opinaban, era para mejorar sus propias marcas.

Sosa recuerda esos primeros años cuando luchaba por convertirse en el jugador completo que es hoy: "Cuando no estoy confortable en el plato, a veces trato de batear lanzamientos que no debería pegarles. Eso se puede remediar. Cuanto más juegas más disciplina desarrollas en el plato". A Sammy se le presentaría la oportunidad de jugar más y de trabajar en la disciplina que tanto faltaba a su juego durante el transcurso de los próximos años en Chicago, sólo que ahora jugaría para la organización de los Cachorros.

Fue con los Cachorros de Chicago que Sammy Sosa pudo perfeccionar su juego y convertirse en un bateador más maduro, un jugador de equipo. Justo antes del comienzo de la temporada de 1992 los Medias Blancas permutaron a Sammy a los Cachorros por el lanzador de relevo Ken Patterson y el jardinero George Bell, otro dominicano famoso. El mánager general de los Medias Blancas, Ron Schueler, dijo del traspaso, "Sammy no nos encajaba bien en aquel entonces. Era un jugador inmaduro que no trabajaba nada bien con nuestro entrenador de bateo". Sammy llegó a la organización de los Cacho-

rros a la edad de veinticuatro años, trayendo consigo una dudosa fama que había conseguido con su mezcla de entusiasmo y de batear malos lanzamientos, pegando hacia las vallas.

Su falta de disciplina era obvia para todo el mundo, pero también su talento. Sammy Sosa había demostrado que tenía el poder de pegar jonrones, numerosos jonrones y que también tenía la velocidad de robar bases. Su talento era mayor que el que reflejaba su carrera con un promedio de bateo de .233. Billy Williams, el entrenador de bateo de los Cachorros en aquel entonces, solía decir que el bateo empieza en las caderas y que Sammy Sosa había llegado a la organización de los Cachorros con uno de los cuerpos más fuertes del béisbol. El talento en bruto estaba allí; solamente precisaba dirección. Williams inmediatamente enseñó a Sammy a no pegar en el plato a todas las pelotas que le lanzaban. Le enseñó a situarse más atrás y a mantener la cabeza detrás del punto de contacto. El refinamiento de la capacidad de Sosa había comenzado. Practicaba duro concentrándose en las nuevas técnicas y relajándose en el plato.

El debut de Sammy Sosa con los Cachorros de Chicago estuvo dificultado por las lesiones. Sólo jugó 67 partidos y pasó dos largos períodos en la lista de incapacitados. En sus primeros 24 juegos con los Cachorros tuvo un promedio de bateo de .211 con tan sólo una carrera impulsada, que tuvo lugar el primer día de juego. El 5 de mayo consiguió su segunda impulsada para los Cachorros y el 7 de mayo conectó el primer jonrón de lo que serían muchos para los Cachorros del jugador de Houston Ryan Bowen. El segundo cuadrangular de su carrera tendría lugar el 10 de junio en San Luis. En el curso de tan sólo 10 días, del 31 de mayo al 10 de junio, Sammy conectó cuatro jonrones. En el momento que parecía que las cosas se le estaban arreglando, la temporada de

Sammy se truncó en el próximo juego cuando fue golpeado por un lanzamiento en un juego contra Montreal que resultó en una fractura en su mano derecha. Se le puso en la lista de incapacitados el 13 de junio donde permaneció hasta el 17 de julio.

Después de salir de la lista se recuperó rápidamente, conectando un jonrón del primer lanzamiento realizado por Doug Drabek de Pittsburgh. Sus seis semanas de inactividad no habían afectado ni su entusiasmo ni su potencia. Después de su regreso a la alineación, bateó un promedio de .385 (15-39) con tres cuadrangulares, ocho anotadas y nueve impulsadas en los nueve juegos en que tomó parte. Sin embargo, las lesiones lo perseguían y justo en el décimo juego luego de salir de la lista de incapacitados falló un lanzamiento con su tobillo izquierdo, fracturándoselo. El 7 de agosto volvió a entrar en la lista de inhabilitados donde se quedó por el resto de la temporada. Un favorable comienzo con los Cachorros fue frenado por las lesiones.

Sammy Sosa jugó tan sólo 67 juegos durante su debut con los Cachorros en la temporada de 1992, con un promedio de bateo de .260, 8 cuadrangulares, 15 bases robadas y 25 impulsadas. También ponchó 63 veces, un número indicativo del estilo de bateo libre que todavía impregnaba su juego. Sin embargo ya se había establecido como un toletero y una amenaza en la base por su velocidad, virtudes que desarrollaría todavía más durante la siguiente temporada.

Un saludable Sammy regresó a la alineación de los Cachorros en 1993. El juego de Sammy alcanzó un nuevo nivel durante la temporada de 1993 y esto lo atestiguan tanto sus marcas al final de la temporada como el reconocimiento que mereció su labor. Mejoró su juego y parecía convertirse, durante la primera temporada entera, en el completo jugador que su capacidad prometía desde

el principio. Los mayores logros de Sammy durante la temporada de 1993 fueron 30 jonrones y 30 bases robadas, una proeza que le hizo el primer jugador en la historia del club de los Cachorros que registró 30 jonrones y 30 bases robadas en la temporada. Conectó su treintavo jonrón el 2 de septiembre del lanzador de los Mets de Nueva York, Josias Manzanillo e hizo historia con su equipo y entró en el club de los 30/30 el 15 de septiembre cuando robó su base número treinta en San Francisco. Terminó el año con sus mejores marcas hasta la fecha. Con un promedio de bateo de .261, además de 33 cuadrangulares y 36 bases robadas, registró 93 carreras impulsadas. Sus 36 bases robadas eran el mayor número de bases conseguidas por un jugador de los Cachorros desde el año 1985 y sus 33 jonrones el mayor número conseguido por los Cachorros desde 1990.

La impresionante temporada de Sammy Sonsa en 1993 le proporcionó otros logros y reconocimientos. Fue nombrado el Jugador más Valioso de la Semana del 28 de junio al 4 de julio cuando en tan sólo seis juegos Sosa bateó .538 (14-26), seis anotadas, jonroneó dos veces y logró seis impulsadas. También consiguió un récord en su carrera con 17 asistencias en el jardín que fue el número más alto en la Liga Nacional ese año después de Bernard Gilkey, de San Luis, que obtuvo 19. También era el número más alto de asistencias desde las 17 de Lou Brock en 1963. Sosa también igualó otra marca de los Cachorros el 29 de septiembre en Los Angeles, con cuatro bases robadas en un sólo juego. Sammy Sosa fortalecía su reputación de toletero tanto por su poder como por su velocidad y ya empezaba a dejar su marca en el juego del béisbol consiguiendo nuevas marcas y rompiendo las establecidas. El ascenso de Sammy Sosa hacia arriba estaba construyéndose.

Sammy Sosa continuó demostrando su dominio despa-

chando vuelacercas en la temporada de 1994. Conectó 25 jonrones en tan sólo 105 juegos. Aumentó su promedio de bateo a .300 y registró 70 impulsadas. También se convirtió en el primer Cachorro, desde Billy Buckner en 1981, que superó a sus compañeros en promedio de bateo, jonrones y carreras impulsadas. Su promedio de cuadrangulares le colocaron en el puesto noveno de la liga, con Sosa pegando un jonrón cada 17 veces al bate. Su fuerza también le hicieron receptor de la distinción de ser el primer jugador que demolió un lanzamiento de Mike Muñoz cuando la pelota voló 461 pies sobre la valla del Estadio Mile High de Colorado.

El estelar bateo de Sosa no se limitó a jonrones durante la temporada de 1994. Pegó triples en cuatro juegos consecutivos del 14 al 17 de mayo. Tuvo una racha de imparables desde el 7 al 24 de junio y además remolcó 23 carreras impulsadas durante 23 juegos del 4 al 31 de mayo. El número de ponches, 92, fue inferior al del año pasado, a medida que conectaba más con la pelota. Con 22 bases robadas, su velocidad asimismo continuaba siendo una fuerza. Sammy terminó su temporada de 1994 bateando un promedio de .358 en sus últimos 22 juegos. Estaba haciendo historia para los Cachorros y estaba camino a hacer historia en el béisbol.

Durante la temporada de 1995 Sammy Sosa continuó demoliendo la pelota para alcanzar nuevas marcas. Su poder y rapidez eran, de nuevo, el lema común. Una vez más alcanzó el logro, que había conseguido ya en 1993, de 30 jonrones y 30 bases robadas. Su número total de jonrones le colocó en segundo lugar de la Liga Nacional. Su número total de bases robadas, 34, le colocó en séptimo lugar al final de la temporada. Las grandes marcas de Sammy en 1995 también le proporcionaron la distinción de ser el primer jugador en el siglo veinte de liderar a los Cachorros en jonrones y bases robadas duran-

té tres temporadas seguidas. Su potencia estaba muy visible durante los 14 juegos consecutivos, del 10 al 24 de agosto, en que conectó 9 jonrones y 27 impulsadas. Del 17 al 24 de agosto, Sammy despachó 11 cuadrangulares en cuatro juegos consecutivos.

Otros logros notables de Sosa en 1995 incluyeron sus 119 carreras impulsadas, colocándolo segundo en impulsadas esa temporada. Las 13 asistencias de Sammy en los jardines los igualaron en segundo lugar en la liga y además logró 58 bases por bola, un récord en su carrera, demostrando más paciencia en el plato. Sammy fue nombrado El Jugador de la Semana de la Liga Nacional dos veces durante la temporada las semanas de 14 al 20 de agosto y del 28 de agosto al 3 de septiembre. Este reconocimiento le hizo el primer Cachorro desde Ryne Sandberg en 1984 que recibió este honor dos veces en una sola temporada. Al final de ésta, Sosa ganó su primer Silver Slugger Award y fue nombrado al equipo de las estrellas de *Sporting News* de la Liga Nacional.

La temporada de 1995 fue asimismo notable para Sammy Sosa ya que fue la primera temporada que fue al Juego de las Estrellas. Ayudado por su mejorado bateo, su rapidez y falta de lesiones, Sammy continuó pulverizando las pelotas y los récords, logrando nuevas marcas personales para sí mismo y para el club de los Cachorros.

Otro año triunfal para Sammy Sosa podía haber sido la temporada de 1996 si no se hubiera lesionado una vez más. La temporada de Sosa se terminó el 20 de agosto con un lanzamiento del jugador de los Marlins de Florida, Mark Hutton, en el estadio Wrigley con las bases llenas. El lanzamiento le fracturó un hueso de la mano derecha y Sammy entró en la lista de incapacitados al día siguiente. Le operaron de la mano el 26 de Agosto. Esta lesión rompió su récord de 304 juegos consecutivos,

desde el 3 de julio de 1994 al 20 de agosto de 1996. Se perdería el resto de la temporada.

A pesar de no haber participado en los últimos 38 juegos de la temporada, Sammy Sosa tuvo uno de sus años más poderosos hasta la fecha. En tan sólo 124 juegos, Sammy conectó 40 jonrones, 100 impulsadas con un promedio de bateo de .273. Era el líder de la Liga Nacional el 20 de agosto en jonrones, cuando tuvo que suspender su actuación en la temporada, y a pesar de que no jugó ningún otro juego esa temporada, sus 40 cuadrangulares le pusieron en el quinto lugar de la Liga Nacional. También se convirtió en el doceavo jugador de los Cachorros que alcanzó el club de 40 jonrones, irrumpiendo en el exclusivo grupo listado abajo:

CLUB DE LOS CACHORROS DE CHICAGO
CON MÁS DE
40 JONRONES

Hack Wilson	56	1930
Hank Sauer	41	1954
Ernie Banks	44	1955
Ernie Banks	43	1957
Ernie Banks	47	1958
Ernie Banks	45	1959
Ernie Banks	41	1960
Billy Williams	42	1970
Dave Kingman	48	1979
Andrew Dawson	49	1987
Ryne Sandberg	40	1990
Sammy Sosa	40	1996

Este no fue el único excepcional logro de Sammy ese año. Además de pasar a ser parte del prestigioso club de toleteros de los Cachorros, Sammy consiguió otro récord de ser el primer Cachorro en la historia del club que conectó dos jonrones en una sola salida, lo que logró el

16 de mayo contra Houston. Durante su corta temporada de 1996, Sammy también obtuvo tres rachas de hits en 10 juegos en tan sólo un mes. Su juego de fildeador también mereció alabanzas y se clasificó en tercer lugar en la Liga Nacional con 15 asistencias en el jardín. Fue nombrado el Jugador de la Semana de la Liga Nacional del 22 al 28 de julio, bateando un excepcional .400 (12-30) que incluyó cuatro dobles, cuatro jonrones, nueve anotadas y 10 impulsadas. También fue nombrado Jugador del Mes de la Liga Nacional en julio con un promedio de .358 en 26 juegos (38-106) que incluyeron 10 cuadrangulares, 22 anotadas y 29 impulsadas.

La quinta temporada de Sosa con los Cachorros de Chicago fue, quizás, su mejor temporada, ya que logró romper récords y formar parte del club de los 40 jonrones. Los logros de Sammy se estaba transformando rápidamente en algo mucho más memorable a pesar de que su lesión le forzó a perderse los últimos 38 juegos de la temporada, 38 juegos que podrían haber cambiado, de nuevo, los libros de récords y las marcas personales de Sammy. No se puede calcular cuán grandes hubieran sido los logros de Sosa si no hubiera sido por esa lesión. El béisbol tendría que aguardar a que Sammy se recuperara y regresara para intentar terminar lo que ya había empezado.

No quedaban ya dudas del talento de Sammy como jugador. Después de la temporada de 1996, Sammy optó por no jugar la temporada de invierno para prevenir más lesiones y asegurarse la salud para la temporada de 1997. Regresó a la alineación de los Cachorros en 1997, saludable, fuerte y rápido. Su nombre apareció de nuevo entre los líderes toleteros de la Liga Nacional. Con 36 jonrones—25 de los cuales conectó en el estadio Wrigley—Sosa terminó séptimo ese año en la liga. Y cuando pegó su 30 cuadrangular el 28 de agosto, se

convirtió en tan sólo el sexto jugador de los Cachorros que logró cuatro temporadas con 30 jonrones, junto con Ernie Banks, Billy Williams, Hack Wilson, Hank Sauer y Ron Santo. Sus 119 impulsadas, que igualaron el récord de su carrera, le colocaron en el sexto lugar de la liga, y tuvo un récord personal de 31 dobles. Con 22 bases robadas, la temporada de 1997 fue la cuarta en que alcanzó la marca de 20 jonrones/20 bases robadas. Bateó un promedio respetable de .251. Sammy todavía estaba entre los mejores bateadores de la liga y su rapidez y velocidad todavía le hacían peligroso.

El juego de atrás de Sammy también era sobresaliente en 1997. Parecía tener más control de su cuerpo que la anterior temporada cuando fildeaba la bola y tiraba a base. Sammy atribuía ésto al trabajo duro que había realizado durante toda la temporada. "Trabajé en ello todos los días desde principios de año. Cuando recién llegué a este equipo, jugaba por todas partes y cometía muchos errores. Ahora estoy aprendiendo de mis errores. Ahora mismo estoy únicamente tratando de salir y ser más listo. Trato de pensar en la situación antes de que ocurra. Creo que me tengo controlado y así es como quiero ser". Sammy se clasificó en segundo lugar en la Liga Nacional como guardabosques con 16 asistencias. También fue nombrado Jugador de la Semana de la Liga Nacional la semana de 12 a 18 de mayo. Esta fue la quinta vez que recibió esta distinción. En seis juegos bateó un promedio de .348 (8-23) y consiguió cuatro jonrones, dos triples y 12 impulsadas.

Pero el juego se Sammy Sosa, aunque brillante, todavía admitía mejora. En 1997, los 174 ponches establecieron un récord y le dieron la dudosa distinción de quedar primero en la liga en esta categoría. La temporada fue decepcionante para Sosa porque el equipo no jugaba bien junto. Y aunque mantuvo sus excepcionales dotes como

jonronero y fildeador y contribuyó mucho al club de béisbol, su gran número de ponches era una señal de la continua impaciencia. Sammy seguía tratando de tirar la pelota larga y perseguía lanzamientos que un bateador paciente no hubiera considerado. Algunos todavía pensaban que era un jugador egoísta, interesado exclusivamente en mejorar sus marcas. Sammy Sosa había llegado muy lejos de aquellos días en las ligas menores y ahora se le consideraba como unos de los toleteros más poderosos de las mayores, pero algunos de sus problemas anteriores, incluida su reputación, todavía le plagaban. Y estos constantes problemas junto con la temporada poco triunfal de su equipo parece que impulsaron a Sosa a convertirse en un jugador completo. 1998 sería el año de Sammy Sosa —como jugador, compañero de equipo y ser humano.

5

·

COMIENZA LA TEMPORADA TRIUNFAL

·

Al principio de la temporada de 1998, Sammy Sosa y toda la organización de los Cachorros sabían que tenían que implementar cambios para poder convertirse en un club de béisbol competitivo. Si durante la temporada de 1997 a Sammy todavía se le definía por su variada reputación y su tendencia a batear buscando la pelota larga, el club de los Cachorros también sufría la falta de unión y la baja moral que tan claramente había perjudicado la temporada. Todo el equipo, y no solamente Sosa, si albergaban alguna esperanza de conseguir una temporada victoriosa y de alcanzar los juegos de la post-temporada deberían trabajar duro.

Después de la temporada de 1997, Sosa viajó a la República Dominicana, disgustado pero resuelto. Regresaría en 1998 listo para ayudar a su equipo a conseguir el campeonato. "Me dije a mí mismo, 'tengo que regresar y estar listo para 1998 y hacer lo que tenga que hacer. Tengo que sacrificarme y conseguir mejor contacto'".

Sammy Sosa llegó al campo de entrenamiento en febrero de 1998, mentalmente preparado y consciente de que la tirantez y rivalidad que habían deteriorado la anterior temporada de los Cachorros tenía que desaparecer si querían tener la oportunidad de ganar el

campeonato. Sosa dijo, "No estábamos unidos el año pasado. Y este año esto tiene que cambiar. La gente que me conoce sabe que no juego sólo para mí mismo. Soy un jugador de equipo. Todos nos tenemos que llevar bien y jugar unos para otros. Estoy aquí para ganar el campeonato".

El piloto de los Cachorros de Chicago, Jim Riggleman, también se había dado cuenta de que su equipo necesitaba trabajo, mencionando la falta de química entre los jugadores como el principal problema que había impedido el juego de equipo. "La química entre ellos era neutral. Los jugadores se toleraban en lugar de disfrutar estar juntos. Así que vas y consigues gente nueva para que esto suceda. Aunque la química no es tan importante como el talento, está en segundo lugar". El ambiente en el club no favorecía—no había ninguna afinidad entre los jugadores. Riggleman sabía que su equipo podría ser excelente simplemente con unirse y jugar como equipo y acabar con los reproches que se habían dirigido la temporada anterior. "Si alguien no hace algo, lo apoyaremos. Nos levantaremos los unos a los otros. Nos mantendremos juntos como equipo".

El entrenamiento de la primavera de 1998 para los Cachorros incluía no solo entrenamiento físico sino también mental. Sammy Sosa conseguiría avanzar en ambos frentes. 1998 sería el año en que Sammy se volvería un jugador completo de béisbol, un jugador más maduro y seguro de sí mismo. El impaciente bateador en el plato aprendería a esperar. "Cuando llegó a las ligas mayores hace seis años, Sosa se ganó la fama de ser un jugador egoísta, un jugador llamativo pero sin resultados", dijo Tom Reich, uno de los agentes de Sammy. "Sus compañeros, entrenadores y amigos dicen que ha crecido mucho como pelotero, padre y compañero de equipo".

La transformación de Sammy en un jugador más maduro se debía, en parte, a su edad y experiencia. Pero también a que el equipo de los Cachorros de 1998 era más fuerte y se volvió rápidamente más cohesivo. Hablando de su madurez como jugador, Sosa dice, "Lo que me tomó tanto tiempo era porque no teníamos la calidad de equipo que tenemos ahora. Este año hay un equipo mucho mejor. Tenemos gente nueva, gente que sabe jugar el juego y que también pueden conectar un jonrón. Eso hace mi tarea un poco más sencilla". La nueva composición del equipo parecía que ayudaba a Sammy a relajarse y a concentrarse en mejorar su bateo y en contribuir al rendimiento del equipo. "Antes me preocupaba por todo—'Si no conecto un jonrón hoy no vamos a ganar'. Ya no pienso así. Todo se ha acoplado, los bateadores abridores, los reservas, todo el mundo se ha unido y estamos ganando".

El ajuste que Sammy Sosa realizó al principio de la temporada de 1998 ha ayudado a su equipo a lo largo de toda la temporada. Por fin había hallado la disciplina física y mental que precisaba para unir su juego y el del equipo. Este cambio de actitud ha afectado su forma de llegar a las bases. Sammy ha aprendido a llegar a las bases y ya no trata de robar cada vez que llega a una. Se da cuenta que esto beneficia a su equipo. "Hace unos años robaba bases con cualquier pretexto. Era el tipo de corredor que cometía muchos errores. Pero ahora los años pasan y he aprendido cómo llegar a las bases. Cada vez que llego a la base quiero robarla pero hay situaciones en las que no puedo robar la base. Tuve que aprender esa parte del juego. Todavía tengo velocidad. Robaré las bases cuando lo necesitemos y cuando sepamos que de esto depende el resultado del partido".

El piloto de los Cachorros Jim Riggleman también quería que Sosa se sosegara en el plato y que parara de

buscar con cada lanzamiento un vuelacercas. "Sammy recibe muchos halagos en los periódicos y en la televisión. Sabemos que siempre da lo mejor de sí mismo que siempre está tratando de mejorar. Pero le hemos pedido que reduzca su número de ponches este año. Tiene que poder ajustarse". Y eso es exactamente lo que hizo. Con la ayuda del entrenador de bateo del segundo año de los Cachorros, Jeff Pentland, Sammy empezó a depurar su talento y a convertirse en el toletero completo que siempre podía haber sido.

Pentland empezó a trabajar para darle al bateo de Sammy el refinamiento que necesitaban antes de que comenzara la temporada de 1998. Al terminar la temporada de 1997, Pentland envió a Sammy tres cintas de vídeo mientras estaba en la República Dominicana. Una de las cintas era del primer base de los Cachorros, Mark Grace, otra del tercer base de los Bravos de Atlanta, Chipper Jones, y la tercera era de Sammy. Le envió las cintas de Grace y Jones para demostrar a Sammy la técnica de bateo denominada tap-step utilizada por estos dos jugadores. El paso-golpecito añade ritmo al movimiento del bateo. Antes del lanzamiento, el bateador da un paso hacia atrás con el pie delantero, distanciándose del lanzador. Es una técnica de medida y agrega coordinación al movimiento. El paso-golpecito divide el bateo en dos partes. La primera parte es el paso atrás. La segunda el bateo hacia adelante, que se guarda para un buen lanzamiento. El paso atrás demora el bateo y la decisión de batear por una fracción de segundo.

Pentland fue el primero que rechazó cualquier crédito por la mejora del bateo de Sammy, diciendo que su contribución se había limitado a dar un consejo. De hecho, Billy Williams fue la persona que hizo el trabajo de base con el bateo de Sammy. Pentland tomó las riendas y refinó su compás de trabajo. En 1997 Pentland admitió

que la capacidad de Sammy era superior a la que se estaba utilizando. "El año pasado tuve la oportunidad de verlo y dije que quizás tenía el mejor talento físico que había entrenado en mi vida—y eso que he entrenado a Barry Bonds y a Gary Sheffield". Su entrenamiento y orientación ayudó a Sammy a cronometrar y mejorar su bateo, transformándolo en la fuerza ofensiva que todos hemos visto en 1998. Los cambios realizados por Sammy Sosa también incluyen una paciencia en el plato nunca vista antes en alguien conocido por batear todas. "Pienso que Sammy ha madurado con la experiencia. Conoce los lanzamientos y cree más en sí mismo. Sabe que puede pegarle al lanzamiento de dos strikes y consecuentemente no tiene miedo de pasar al strike dos. Pienso que ha madurado y aumentado la confianza en sí mismo y me gusta el hecho de que se ha vuelto más paciente". Sosa ha aprendido a hablarse a sí mismo en el plato y a tener un plan en mente cada vez que va al bateo.

Sammy nunca tuvo problemas con los lanzamientos dentro debido a su rapidez. Pero nueva, durante la temporada de 1998, era su capacidad de ir en dirección opuesta. Está utilizando el jardín derecho y no trata de jalar cada lanzamiento. Tampoco está pegando a todos esos malos lanzamientos que bateó el año pasado. "Ahora los dejo pasar" dice Sosa. "Cuando los dejo pasar dicen, 'Éste sólo tira a los lanzamientos sobre el plato. Tengo que mandarle un ponche'". Y Sammy el toletero de siempre está listo para batear un lanzamiento que venga por el medio.

Esta paciencia en el plato ha dado buenos resultados. El promedio de bateo de Sammy al final de la temporada fue .308, mucho mejor que el del año pasado de .251 y uno de los mejores de la liga. Su compañero de equipo Mark Grace reconoce los logros de Sosa. "En lugar de ir allí y batear un vuelacercas al primer lanzamiento, se ha dado

cuenta que con su talento, puede batear un vuelacercas al cuarto o quinto lanzamiento tan fácilmente como al primero".

Sammy Sosa también llegó a la temporada de 1998 con un estado mental y una ética de trabajo que contribuyeron a que se haya convertido en unos de los favoritos para Jugador Más Valioso de la Liga Nacional. Después de la temporada de 1997 durante la cual Sosa había estado decaído casi desinteresado, Sammy llegó al campo de entrenamiento de primavera con una actitud positiva. Pentland fue el primero en darse cuenta de la mejora en la actitud de Sosa. "Desde el primer día del entrenamiento de primavera es probablemente cuando he visto más feliz a Sammy. . . . Es estupendo verle en buen estado de ánimo. Cuando vi durante el entrenamiento de primavera, lo que era capaz de alcanzar cuando se sentía bien consigo mismo, sabía que teníamos que hacer algo para asegurarnos que continuaría así".

La ética de trabajo, que siempre fue parte del juego de Sammy, ahora estaba mejor dirigida. Sammy practicaba muchas horas en la jaula de bateo y se concentraba intensamente en mejorar su técnica. Todos los ajustes realizados por Sammy se reflejaron en su juego durante la temporada. La combinación de una mente sana y un cuerpo controlado, desconocidos en el juego de Sosa el año anterior, convirtieron a Sammy en un jugador ofensivo completo en 1998. Trabajando duro y con una actitud positiva, Sammy condujo a todo su equipo hacia una de las temporadas más inolvidables de béisbol que se han visto.

JUGAR PELOTA

Mental y físicamente encaminado, Sammy Sosa empezó lo que se convertiría en una temporada de romper

marcas. Sin embargo, la contribución de Sammy iría más allá de romper récords. Su actuación en 1998 afectaría no sólo a su equipo sino a la historia del béisbol, contribuyendo a revivir el deporte y a traer al público de nuevo a los estadios. Sería una temporada de ensueño tanto para Sammy como para el béisbol. Con un impresionante total de 36 jonrones en 1997, Sosa empezó la temporada demostrando que su poderío no se debía olvidar. Tan sólo en el tercer juego de la temporada, el 4 de abril en el estadio Wrigley, Sammy tomó un lanzamiento a 2 bolas y 1 ponche del jugador de Montreal Marc Valdés en dirección opuesta, sobre la valla del jardín derecho. La prueba de que no iba a jalar cada lanzamiento y de que existía el jardín derecho estaba ahí. El propio Sosa reconoció su logro. "Hoy conecté un jonrón que podría haber sido un elevado corto si hubiera intentado jalar la pelota. Nuestro equipo está haciendo todo para ganar. Todos nos estamos divirtiendo".

Los Cachorros empezaban una gran temporada con todos los elementos sincronizados y con un récord 8-2 para probarlo. Sosa sólo disparó un jonrón durante este período, en el tercer juego. Pero al contrario que en otras temporadas, su promedio de bateo mejoró formidablemente. Estaba bateando .318 y ya tenía nueve carreras impulsadas. Sosa conectó su segundo cuadrangular, el número 36, el 11 de abril del lanzador de Montreal Anthony Telford. A finales de abril, Sammy tenía seis jonrones, 17 impulsadas, siete bases robadas y un promedio de bateo de .343. Los Cachorros terminaron el mes de abril con un récord de 14-13.

(En este momento de la temporada, Mark McGwire estaba empatado en la pugna de los jonrones, una pugna que todavía no se había oficializado y que cautivaría al país un poco más tarde. McGwire tenía 11 cuadrangulares y estaba igualado con Ken Griffey Jr. de Seattle.)

El juego de Sammy empezó a caldearse en mayo. El 8 de mayo, en un juego contra los Gigantes, Sammy fue forzado a caminar con dos fuera de juego en la entrada catorce de un juego empatado, llenando las bases. Debido a la reputación de Sammy y su récord como un toletero peligroso, en ese momento tenía un promedio de .340, no había dudas, de que el mánager de los Gigantes quería hacerle caminar. El resultado fue que Mark Grace el siguiente bateador consiguió una imparable, dando la victoria a los Cachorros.

El 16 de mayo, Sosa bateó un jonrón de tres carreras— su octavo de la temporada y el primero en casi dos semanas. El récord de los Cachorros se mantenía en 24-18. Esta marca mejoraría todavía más el 20 de mayo. Por primera vez en mas de tres años, los Cachorros tuvieron nueve juegos con un promedio superior a .500. Su récord era de 27-18, y Sosa estaba bateando .337.

El 22 de mayo, Sosa conectó su noveno cuadrangular y 31 carrera impulsada de la temporada del jugador de Atlanta Greg Maddux. Hasta ese momento, el poderío de las marcas de Sosa no iban camino a romper récords. De hecho iba camino a conseguir tan sólo 25 jonrones y 95 impulsadas. Y aunque estos sean buenos números para muchos, para Sammy estas marcas no eran excepcionales. De cualquier manera, Sammy tenída un promedio de bateo de .335, superior al del promedio de su carrera de .260 y además los Cachorros estaban ganando. La racha de poder de Sosa empezaría unos días más tarde. A pesar de haber perdido los últimos tres juegos de mayo por una lesión en el dedo pulgar, Sammy despachó cuatro cuadrangulares más el 25 y el 27 de mayo por un total de 13 antes de junio.

La temporada que todos los americanos, dominicanos y aficionados al béisbol recordarán por muchos años empezó en el mes de junio. La racha de los jonrones del

demoledor Sammy iba a desatarse. El 1 de junio, Sosa regresó recuperado de la lesión en el pulgar y conectó dos cuadrangulares contra Florida, consiguiendo además cinco anotadas en el proceso. Sosa confesó, después del partido, que aunque podía jugar le había estado molestando el dedo pulgar. Sosa manifestó sus sentimientos acerca de la temporada que estaban teniendo los Cachorros. "Ahora mismo estamos jugando unidos, como un equipo, y eso me gusta. Con jugadores delante y detrás de mí como Grace y [Henry] Rodríguez estoy consiguiendo batear buenos lanzamientos". La pugna de los jonrones se estaba calentando.

Sosa terminó la semana del 5 de junio jugando contra su antiguo equipo, los Medias Blancas de Chicago, disparando su 19 jonrón y consiguiendo nueve anotadas, un total de 54 esa temporada. Este era el décimo jonrón de Sammy en nueve juegos. Las cinco impulsadas igualaban su récord de la temporada logrado el 1 de junio. Sosa fue nombrado Co-jugador de la Semana del 1 al 7 de junio de 1998, de la Liga Nacional junto con Greg Maddux de los Bravos de Atlanta. Sosa era líder de la Liga Nacional esa semana con seis jonrones, 15 impulsadas, 28 bases y cinco anotadas. Bateó un promedio de .346 (9-26). Los Cachorros habían ganado ocho juegos consecutivos en casa, la mayor racha de victorias en el estadio Wrigley desde 1978.

Después de una racha de 10 triunfos, el 17 de junio, los Cachorros perdieron el sexto juego de ocho. Pero Sammy Sosa conectó su 25 jonrón contra Milwaukee. Quince de los veinte juegos que quedaban antes del descanso del Juego de las Estrella se jugarían en el estadio Wrigley.

El 30 de junio, Sosa conectó el cuadrangular número 20 del mes y el 33 de la temporada contra el jugador de Arizona, Alan Embree. Esta marca estableció un nuevo

récord de las Ligas Mayores en jonrones conectados en un mes, rompiendo el récord establecido por Rudy York de Detroit en 1937. Su marca de 20 jonrones en junio también quebró el récord de Andrew Dawson del 15 en 1987 por el mayor número de cuadrangulares de un Cachorro en un sólo mes. Sosa también batió el récord del mayor número de jonrones en treinta días establecido por Ralph Kiner con 20 en 1947 y Roger Maris que también tenia 20 en 1961. Sammy conectó 21 jonrones en un período de treinta días del 25 de mayo al 23 de junio. Sosa igualó el récord de los Cachorros del mayor número de jonrones en juegos consecutivos establecido por Hack Wilson (1928) y Ryne Sandberg (1989), conectando jonrones en cinco juegos consecutivos del 3 al 8 de junio.

El 30 de junio, Mark McGwire disparó su 37 jonrón encabezando la liga. Sammy tenía ahora un total de 33 jonrones. Pero Sammy había acortado la distancia durante el mes de Junio, convirtiéndose en el principal contrincante de McGwire en la pugna de los jonrones que cautivaría la atención de la nación entera en tan sólo unas semanas. También estaba segundo en carreras impulsadas, con 79, tercero en anotadas con 64 y octavo en bateo con un promedio de .327.

En la primera semana de Julio, Sosa fue postulado para el Juego de las Estrellas de la Liga Nacional por su mánager Jim Leyland. Sammy no pudo jugar en el Juego de las Estrellas debido a un hombro dolorido. El 5 de julio se ausentó de su cuarto juego de la temporada por el mismo motivo.

Desde abril hasta el receso del Juego de las Estrellas, Sammy Sosa había demostrado paciencia, disciplina, espíritu de equipo y entusiasmo—cosas que no habían estado presente, a ese nivel, en los años previos. Era un jugador nuevo—un jugador de equipo—y se estaba divirtiendo.

Su promedio de bateo era altísimo, su equipo estaba ganando partidos y su potencia era más peligrosa que nunca. A Sammy Sosa ya no le podían acusar de no jugar en equipo. Su juego estaba rompiendo récords y ayudando a su equipo a ganar. Su actuación iba a sacudir el entusiasmo de más de un país. Con su extraordinario torrente de jonrones en el mes de junio, Sammy Sosa se había lanzado a la fama. Su nombre se unía, una unión que pasaría a la historia del béisbol, al del famoso toletero Mark McGwire. El principio de la guerra de los jonrones para batir el récord de 61 jonrones establecido tiempo atrás por Roger Maris en 1961 iba a hipnotizar a dos países, a los Estados Unidos y a la República Dominicana.

En el mes de agosto de 1998, el béisbol tenía un público totalmente distinto. El toletero Sammy Sosa había hecho creyentes los ateos, fanáticos a los no fanáticos y había atraído a un público que incluía hombres y mujeres, viejos y jóvenes, americanos y latinos. La temporada de 1998 se había convertido en la contienda por conquistar un récord—una pugna entre dos hombres cuyo resultado no se sabría hasta el 27 de septiembre de 1998, durante el último juego de la temporada. Es esta última parte de la temporada la que todos recordarán, esta disputa que capturó el corazón y el alma de dos naciones y posiblemente de muchas más.

La carrera para romper el récord más importante del logro individual del béisbol, el mayor número de jonrones conectados en una sola temporada, había perdurado desde 1961 cuando el récord de Babe Ruth de 60 cuadrangulares fue batido por un hombre llamado Roger Maris; un hombre cuyo nombre era conocido por todos pero del que poco se conocía; un hombre cuya competencia por alcanzar el récord ilumina y ensalza el espíritu y la alegría de la pugna de 1998 entre Sammy Sosa y Mark

McGwire de la que ha sido testigo mundo. La historia de Roger Maris, la historia de su persecución del récord de Babe Ruth, contrasta con la rivalidad de 1998 en casi todo. Mientras que la pugna de Maris es la misma, la lucha de los jonrones, una rivalidad que engrandece a dos hombres de razas y antecedentes diferentes y enriquece a una nación entera, ha demostrado que la competencia no tiene por qué ser divisiva.

6

EL HOMBRE DETRÁS DEL RÉCORD—
ROGER MARIS

El entusiasmo suscitado por la pugna de los jonrones ha colocado el nombre, no así la figura, de Roger Maris en el centro de la atención pública. La lucha por conseguir la marca individual de béisbol más importante ha conseguido que América despierte y se fije de nuevo en el béisbol, y también ha revivido la memoria de uno de los jugadores más grandes de béisbol, un hombre al que ni los aficionados ni los propios jugadores profesionales conocen bien.

Roger Maris ha sido titular de esta marca desde 1961, cuando largó 61 cuadrangulares en una sola temporada, rompiendo la establecida por Babe Ruth de 60 jonrones durante la temporada de 1927. Las circunstancias y acontecimientos que acompañaron el logro de Maris en 1961 no podían haber sido más distintas que las vividas durante esta temporada de 1998. Aunque la mayoría de los norteamericanos, dominicanos, latinos y aficionados están conscientes de que algo muy especial ha ocurrido durante esta temporada que tendrá consecuencias a largo plazo para el deporte del béisbol, pocos saben lo inusitado de esta situación considerando las vivencias del antiguo campeón después de conseguir el mismo extraordinario logro. De hecho, las cosas no pueden haber sido

más distintas para Roger Maris de lo que han sido para Sammy Sosa y Mark McGwire. La carrera de los jonrones de 1998 y el entusiasmo suscitado—debido en parte al comportamiento inspirador de todos los implicados, jugadores, público y prensa—es todavía más sorprendente cuando se contrasta con las circunstancias que rodearon al antiguo campeón, Roger Maris, cuyo igual logro no pudo haber sido recibido por el público y la prensa y afectado al hombre de forma más opuesta.

El recipiente del premio al Jugador Más Valioso que jugó en la Serie Mundial siete veces en el curso de nueve años, Roger Maris aún es tan sólo un nombre para la mayoría de las personas que lo han visto aparecer casi a diario en los periódicos en los últimos meses de la temporada de 1998. Maris, que había cambiado su nombre de Maras para evitar que le ridiculizaran pronunciando el mismo como una palabra obscena en inglés, nació en 1934 en Minnesota, trasladándose a Fargo, North Dakota a la edad de trece años. Como todos los muchachos de su edad le encantaban los deportes. Jugaba un deporte u otro casi todas las tardes aunque en verdad jugaba mejor fútbol americano que al béisbol. Se le ofreció la oportunidad de jugar al fútbol americano en la Universidad de Oklahoma después de su último año en la escuela secundaria pero él no aceptó. Su amor por el béisbol le impulsá a abandonar la universidad y justo después de terminar la secundaria firmó con los Indios de Cleveland.

La carrera de Roger Maris empezó en el sistema de las ligas menores del club de los Indios de Cleveland. Era un joven testarudo que no hacía amigos fácilmente. No se fiaba de la gente pero aquellos que acabaron siendo sus amigos lo consideraron un amigo leal y genuino. Tres años más tarde, en 1957, alcanzó las ligas mayores, pero sufrió varias lesiones, un problema que le seguiría a lo

largo de su carrera. Cuando su mánager le puso en la alineación se resistió. No se sentía lo suficientemente bien como para seguir jugando esa temporada y su enfado con la organización aumentó. Su disposición combativa y resuelta resultó muy problemática. El desacuerdo entre el mánager general y el jugador resultó en el traspaso de Maris al equipo de los Kansas City A's que en aquellos tiempos era como una granja de los Yankees de Nueva York. A los Yankees les había impresionado la forma de jugar de Maris y sabían que era sólo una cuestión de tiempo hasta que le llamaran para jugar en las grandes ligas. En Kansas City el bateo de Maris mejoró y el interés de los Yankees creció. En diciembre de 1959 fue traspasado a los Yankees de Nueva York, que necesitaban un poderoso zurdo para ayudarles a entrar de nuevo en la carrera por el campeonato del que habían estado ausentes los dos años anteriores.

La carrera de Maris se disparó una vez que formó parte de la organización de los Yankees pero Maris había tenido serias dudas respecto al traslado. Como chico de campo no se encontraba a gusto en una ciudad grande como Nueva York y así se sintió hasta el día que se marchó de allí. Su juego sin embargo continuó siendo impresionante. A mediados de la primera temporada en Nueva York estaba bateando en el cuarto bate, justo detrás de Mickey Mantle. Coincidiendo con la pausa del Juego de las Estrellas había conseguido 25 jonrones. Iba camino a igualar la marca establecida por Babe Ruth cuando una lesión le hizo perder dos semanas de juego. Su gran contribución defensiva ayudó a su equipo a ganar la Serie Mundial ese año con 39 jonrones y 112 carreras impulsadas, y fue nombrado Jugador Más Valioso ese año. Tenía uno de los brazos más rápidos del béisbol, tenía agilidad en los pies y rompía a menudo juegos dobles o tomaba bases extras y tenía en conjunto un

gran instinto en el campo de juego. El mánager actual de los Houston Astros, Larry Dierker, dijo de Maris, "Pienso que era un jugador magnífico. Lo sabía hacer todo— cortar al relevo, tirar a la base correcta, correr a los jugadores de base, correr rápido. Estaba esperando ver un jugador un cuadrangular cada vez que se acerca a la goma. Pero además era un pelotero completo".

Maris cambió de lugar con Mantle en el orden al bate a principio de la temporada de 1961. Maris ahora tenía mas lanzamientos para batear que Mantle, y un duelo para ver quien conseguía más jonrones se declaró pronto entre los dos Yankee toleteros, los dos persiguían la marca impuesta por Babe Ruth. La prensa parecía que estaba tratando de crear un rivalidad entre los dos compañeros de equipo, describiendo a Mantle de una manera positiva y a Maris negativa. No había ninguna verdad en estas descripciones; en realidad Mantle y Maris compartían un apartamento en el barrio de Queens y se llevaban bien, a menudo bromeando entre ellos sobre que treta le haría uno al otro para no romper primero la marca. Desgraciadamente esto fue una mala pasada que afectó eventualmente la carrera de Maris en Nueva York.

Cuando Mantle tuvo que abandonar la carrera por el campeonato debido a una lesión en la cadera, la prensa le cayó encima a Maris. Debido a su caracteristica desconfianza y el hecho de ser muy directo, la prensa se cebó con él, caracterizándolo como poco amigable y desagradecido. Después de 154 juegos, Maris había logrado sólo 59 jonrones. El Comisionado Ford Frick había anunciado aquel verano que para poder romper la marca de 60 jonrones lograda por Babe Ruth, los 61 jonrones deberían lograrse en el espacio de 154 juegos y no dentro del nuevo número de juegos 162 para evitar tener que poner una nota explicativa en el libro de los récords. Este

comunicado fue muy polémico y sofocó el impacto y el entusiasmo del final de la temporada y de los logros de Maris. Maris logró su jonrón número 61 el último día de la temporada con tan sólo 23.154 fanáticos en el estadio.

El drama le había quitado brillo a su logro el cual pasó sin pena ni gloria. La relación entre Maris y la prensa se deterioró al comenzar la nueva temporada y Maris se amargó. Se quedó con los Yankees y tuvo una buena temporada en 1962, bateando .256 y logrando 33 jonrones con 100 impulsadas. Pero pronto le acecharon de nuevo las lesiones y jugó sólo 90 juegos durante la temporada de 1963. Las veces que jugó esa temporada, sufriendo de esguinces y otras lesiones que le imposibilitaban correr rápido como estaba acostumbrado, las multitudes le abucheaban creyendo que a Maris ya no le importaba el juego lo suficiente como para esforzarse. Los Yankees ganaron su quinto campeonato consecutivo en 1964 y Maris bateó 26 jonrones, pero seguía siendo poco popular entre la prensa y el publico. En 1965 sufrió su peor contratiempo, lesionándose la mano derecha mientras se deslizaba hacia la caja de bateo. Los rayos equis que le tomaron no mostraron ninguna fractura y recibió poco apoyo de sus compañeros de equipo y seguidores a pesar de sus quejas por el dolor intenso que sentía que no le permitía jugar. Las placas siguientes mostraron no sólo una fractura sino un fragmento de hueso suelto. Maris se sintió traicionado y enfadado con sus compañeros por no haberle cuidado. Como consecuencia su juego durante 1966 fue poco inspirador. Se animó después de enterarse que le traspasarían a los Cardenales de San Luis, feliz finalmente de regresar a su medio-oeste natal. Ya no era la amenaza jonronera de antes pero contribuyó a las victorias consecutivas de los campeonatos logrados por los Cardenales gracias a su excelente y completo talento.

Feliz de haber dejado Nueva York, Maris no quiso

volver a hablar de su experiencia con los Yankees incluyendo el haber superado la marca de Babe Ruth. "Vi lo feliz que estaba de tomar el avión e irse a casa", declaró un viejo amigo de Maris al concluir la temporada de 1961. "Sabía lo feliz que se sentía de que se hubiera terminado todo". Lo que debería haber sido un momento de alegría en su carrera de pelotero se había extinguido por las circunstancias que le habían rodeado. Se retiró al final de la temporada de 1968. Su ambivalencia perduró evitando que regresara por muchos años para tomar parte en el homenaje al día de los Veteranos en el estadio de los Yankees. Finalmente, George Steinbrenner le convenció para que volviera prometiéndole que construiría un complejo para las pequeñas ligas en Gainesville, Florida, lugar donde ahora residía Maris. Volvió al estadio de los Yankees en 1978 y fue recibido ese último día de la temporada de 1961 con los vítores que le habían negado tanto tiempo. Maris por fin había conseguido el reconocimiento que merecía. Los Yankees retiraron su número 9 en 1984, un año antes de su muerte.

El contraste entre el mismo momento histórico en el béisbol no puede ser más impactante. Al contrario de la contienda con Mantle, la prensa acertadamente caracterizó la batalla de los jonrones entre Sosa y McGwire como una llena de cariño y amor por el deporte. Y al contrario de la experiencia de Maris, Sosa y McGwire reciben a diario tributos por ofrecer al pueblo americano y al de todo el mundo algo por lo que sentirse bien. La marca de Roger Maris ha salido de nuevo a la atención publica ofreciéndole la atención que hace tanto tiempo merecía. La contienda por la monarquía jonronera de 1998 ha tenido consecuencias positivas no solo para el béisbol de hoy sino para la memoria del béisbol y sus héroes del pasado.

7

LA PUGNA DE LOS JONRONES DE 1998

La persecución del récord de Roger Maris de 61 jonrones por Sammy Sosa y Mark McGwire se convirtió en la obsesión de una nación durante el verano de 1998. El espectacular duelo por la corona jonronera que dominó los meses de agosto y septiembre de 1998 pasará a la historia como una de las grandes batallas en la historia del deporte. La carrera fue algo que el béisbol nunca había visto—y todo el mundo estaba pendiente de la hazaña. El país revivió, el béisbol adquirió una nueva energía y la gente se olvidó de los escándalos y de los problemas diarios viendo el sano espíritu de competencia llevado a cabo con dignidad y verdadero afecto. Sammy Sosa y Mark McGwire, dos toleteros, dos hombres muy diferentes de distintas procedencias, dos hombres de razas diferentes—mostraron a América y al mundo cómo se debe jugar y cómo se debe comportar un deportista.

En un mundo de deportes profesionales ocupado por pobres modelos de conducta con grandes egos, Sammy Sosa y Mark McGwire nos han enseñado que el deporte puede ser además de un disfrute, la emoción honesta de la competición y que de veras se puede aplaudir al contrincante. La pugna de los jonrones proporcionó un escape—algo diferente que levantó nuestros

espíritus y nos hizo aplaudir. Fue una competencia sin contrincantes y todo el mundo fue ganador.

La contienda histórica se apoderó del béisbol en el mes de agosto cuando tanto Sammy Sosa como Mark McGwire empezaron a aproximarse al cuadrangular mágico de Roger Maris el número 61. McGwire había aventajado a Sosa durante toda la temporada aunque después del extraordinario mes de junio Sosa estaba justo detrás. Pero el 19 de agosto de 1998 alcanzó el liderato por primera vez pegando su jonrón 48 contra San Luis en la quinta entrada. McGwire apasionó a la nación cuando tan sólo 57 minutos mas tarde pegó su 48 cuadrangular en la octava salida contra los Cachorros y después su 49 en la décima salida. McGwire había recobrado de nuevo el liderato.

Este vaivén continuó a lo largo de la temporada, captando la atención de toda América y de la República Dominicana. La batalla continuaba con el mismo mutuo aprecio de los protagonistas hacia los logros del otro. La carrera era apretada y el país pedía más.

Al comienzo de septiembre, el toletero Sammy y el "Big Mac" empataron con 55 jonrones cada uno. McGwire volvió a situarse en primer lugar con sus cuadrangulares 56 y 57 el 1 de septiembre. Al día siguiente Sosa respondió con su número 56. Sin embargo esa noche el Big Mac conectó dos más, sus 58 y 59. El 2 de septiembre McGwire tenía tres de ventaja. Uno no podía distraerse sin pensar que se estaba perdiendo algo. McGwire respondió a los jonrones 57 y 58 de Sosa con su número 60. El 61 de McGwire, igualando el récord, conectó un lanzamiento del Cachorro de Chicago Mike Morgan el 7 de septiembre 1998. Y el Big Mac consiguió su 62 vuelacercas rompe récords del Cachorro, Steve Trechsel, la noche siguiente. Sosa corrió desde el jardín

derecho para ser el primero en felicitar a su gran amigo y rival—nada de discordia y celos—solo una auténtica muestra de entusiasmo por un récord roto y un gran logro. La batalla no había terminado, Sammy se recuperó conectando cuatro jonrones en tan sólo tres juegos: su número 61 el 13 de septiembre en la primera salida de un juego contra Bronswell Patrick de Milwaukee y su 62, superando la marca de Maris, en la novena salida contra Eric Plunk. Había igualado a McGwire de nuevo. El récord había sido superado por ambos toleteros pero la carrera había empezado para ver quién acabaría con la nueva marca.

Justo cuando Sammy le había alcanzado, McGwire le arrebató el liderato dos días más tarde con su 64 jonrón en Milwaukee. Seguido de su 65 el 20 de septiembre también contra Milwaukee. Pero Sosa todavía estaba en la contienda a pesar de su afirmación que después de superar el récord de Maris su propósito principal era ayudar a su equipo a clasificar para la post-temporada y no batear vuelacercas. Sammy demolió dos jonrones más en Milwaukee el 23 de Septiembre, igualando la batalla de los jonrones en 65.

Sosa estuvo en primer lugar por la segunda y última vez el 25 de septiembre, cuando disparó su 66 jonrón contra José Lima de Houston. Esta vez su liderato duró tan solo 46 minutos. El toletero McGwire pegó un cuadrangular, su 66, contra Montreal. McGwire consiguió 70 jonrones al final de la temporada. Sammy, cuyo interés principal era ayudar a sus compañeros a clasificarse para la post-temporada, se concentró en el juego de su equipo y terminó la pugna con un impresionante número de 66 cuadrangulares.

La pugna por la tabla histórica de toleteros que más cuadrangulares dispararon en una temporada entre

Sammy Sosa y Mark McGwire fue una única y memorable experiencia, una competencia que no tuvo perdedores. Por primera vez en la memoria dos toleteros habían competido intensamente y muy de cerca, al tiempo que demostraban un genuino afecto y aprecio por los logros del otro. Estos dos jugadores eran amigos y esto se vio cuando Sosa corrió desde el jardín para felicitar a su rival McGwire cuando fue el primero en romper el récord de Maris. Ésto se poco ve en los deportes profesionales. Nunca hubo ninguna indicación de celos o mala voluntad—tan sólo la emoción y el espíritu de competencia.

Ambos jugadores fueron rápidos y sinceros en sus alabanzas mutuas. Ambos fueron también muy modestos y conciliatorios. Mark McGwire dijo de Sammy, "Estoy feliz por Sammy. Sammy está teniendo un año mágico. Una temporada mucho mejor que la que yo estoy teniendo. Su equipo está ahí en la competencia por el comodín, ha conseguido unas cuantas anotadas más que yo, ha bateado un promedio más alto que el mío. Esté ahí. Me quito el sombrero". La respuesta de Sammy fue "Estoy animando a Mark McGwire. Miro como un hijo mira a un padre. Lo miro cómo batea, cómo actúa y veo a la persona y al jugador que aspiro a ser. Yo soy el hombre en la República Dominicana. Él es el hombre en los Estados Unidos. Así es como debe de ser". No podrían haber escrito un mejor guión.

Esta amistad es todavía más notable debido a la diferencia que hay entre Sosa y McGwire. Sammy Sosa remontó sus orígenes humildes con la ayuda de su madre y trabajando como limpiabotas. Llegó a las ligas mayores después de haber sido visto por un buscador de talento en su pueblo natal. Mark McGwire era el hijo de un dentista del Sur de California que llegó a las mayores a

través de la Universidad del Sur de California. Su amistad supera las barreras de clase, raza y cultura además de aquellas que normalmente aparecen en la competencia deportiva. Han mostrado al mundo una nueva forma de competir y nos han hecho sentir bien a todos.

A través de los momentos más intensos de la batalla de los jonrones y a lo largo de toda la temporada, Sammy Sosa nunca se permitió ser absorbido por toda la atención. Continuó divirtiéndose y se comportó de una forma admirable. Sammy agradecía todo lo que recibió en 1998 y es el primero en puntualizar a cualquier sugerencia de que no está consiguiendo todo lo que se merece. "La atención que he recibido durante todo el año es suficiente para mí. Mark llegó primero, yo estoy feliz con solamente jugar en los Estados Unidos para las ligas mayores. Es suficiente ahora mismo. Estoy contento con ésto".

Sammy Sosa además se aferró a su meta principal, lograr que su equipo clasificara para la post-temporada. Los Cachorros de Chicago no habían llegado a la post-temporada desde 1989 y este era su principal interés, no superar su número de cuadrangulares. Para todos los que le veían jugar en los juegos finales de la temporada de 1998, estaba claro que el trabajo de Sosa no había terminado. "Aunque estoy persiguiendo la historia esto no me va a impedir conseguir mi principal objetivo". Insistía, a lo largo de la pugna, que no estaba pensando en conectar jonrones sino en meter a su equipo en los play-offs. Para lograr ésto tendría que concentrarse en jugar un juego completo y no sólo en aumentar sus jonrones. "Yo pienso que 62 y 63 es un buen número para mí. Ahora quiero llevar a mi equipo a la post-temporada". Y eso es exactamente lo que hizo. Esto hace que su logro de los 66 jonrones sea todavía más notable.

Uno de los duelos más grandes de los deportes se

convirtió asimismo en la muestra más notable de deportividad y así se recordará por muchos años. Dos rivales persiguieron el récord más grande del béisbol y fomentaron un fuerte vínculo de amistad durante el camino, mientras la nación observaba, inspirada. La guerra de los jonrones de la temporada de 1998 puede haber terminado con la victoria de Mark McGwire pero Sammy Sosa alcanzó muchas otras metas. Superó la marca de Maris y logró lo que se había propuesto desde el inicio de la temporada—conducir a su equipo a la post-temporada por primera vez desde 1989.

LAS RECOMPENSAS DEL BÉISBOL

Lo que esta pugna de los jonrones ha logrado para el aficionado del béisbol y para el espíritu de la nación también lo ha hecho para el deporte del béisbol. Considerado por mucho tiempo el pasatiempo de América, el béisbol había perdido muchos aficionados en lo últimos tiempos. Esto se debía en buena parte a la huelga de 1994–1995 cuando la buena voluntad de los aficionados desapareció ante la transformación de su deporte favorito en un terreno fértil para los grandes egos y para la avaricia. Los aficionados dieron la espalda a sus héroes, a su pasatiempo y a los dueños de los equipos, no estaban dispuestos a permitir ésto estos hombres grandes, la mayoría de los cuales ganaban unos sueldos que el aficionado medio no podía ni imaginarse. Él publico se volvió en contra del béisbol y de sus héroes, y el deporte se resintió.

El mayor impacto de la pugna de los jonrones entre el toletero Sammy y el Big Mac no ha sido ni las marcas rotas ni las establecidas. El mayor impacto es el entusiasmo que estos dos hombres han suscitado entre la gente,

aficionados y no aficionados del deporte el béisbol. La carrera de los jonrones ha borrado la memoria agria de la huelga de la temporada de 1994-1995. McGwire recuerda, "El público en la calle me ha dicho, 'odiaba el béisbol debido a la huelga'. Pero ahora han regresado y están contentos por lo que Sammy y yo estamos haciendo". Demostrando generosidad en lugar de egoísmo, Sosa y McGwire han borrado el daño causado por la huelga y creado un nuevo interés en el deporte más grande de América.

Los jóvenes y viejos aficionados han regresado en masa a los estadios. El deporte es una vez más una diversión. Sammy Sosa ha logrado que el béisbol se defina como divertido de nuevo. "Yo soy como un niño pequeño", declara Sosa. "Me gusta divertirme todos los días. Me gusta hacer feliz a las personas". Su calmada manera y sonrisa juvenil le han ganado los corazones de los aficionados y ésto ha traído a la gente al béisbol para entretenerse con el deporte. Hasta McGwire acredita a Sammy con ayudarle a divertirse con este deporte. Cuando se estaba alterando debido a la intensa presión de la cobertura periodística de su hazaña, McGwire recuerda, "Sammy me dijo que me divirtiera con todo esto". Hasta el slugger miembro del Salón de la Fama, Reggie Jackson, da crédito a Sammy con rejuvenecer este deporte. Para Jackson, Sammy ha aportado el entusiasmo de nuevo al juego y estaba muy impresionado con cómo Sammy ha logrado divertirse a pesar de toda la presión periodística. "Yo sé que cuando yo jugaba en Nueva York era famoso antes de ser buen jugador. Y al verle hoy con toda esa fanfarria alrededor y toda la atención, no sé si hubiera podido bregar con todo eso a esa edad".

El aumento de la popularidad del béisbol es también evidente en el Salón de la Fama de la Liga Nacional de

deportes sita en Cooperstown, Nueva York. La asistencia
ha crecido por primera vez en cuatro años desde la
huelga. La buena disposición hacia el béisbol creada por
estos dos nobles campeones está conduciendo a más
personas al Salón de la Fama para aprender más sobre los
héroes del béisbol presentes y pasados. Desde que se
superó el récord de Maris el 8 de septiembre de 1998, el
Salón de la Fama ha hecho mucho más negocio. Hasta el
14 de septiembre más de 256.000 visitantes habían
entrado por sus puertas, comparado con 240.000 el año
anterior, un incremento del 7 por ciento. El interés por el
béisbol ha enfilado por el buen camino.

Este entusiasmo ha llevado a un aumento en el deseo
del público por querer ser parte de la historia. De
acuerdo con una encuesta llevada a cabo por CNN/*USA
Today*/Gallup poll, 63 por ciento de los 1.082 encuesta-
dos a mediados de septiembre de 1998 dijeron que "son
aficionado o casi aficionados" del béisbol profesional.
Esto significa un aumento del 19 por ciento respecto a
una misma encuesta llevada a cabo en el mes de junio. Lo
que aconteció entre junio y septiembre fue, claro está, el
momento clave de la batalla de los cuadrangulares.

El béisbol ha alcanzado nuevas cimas debido a la
animada competencia y al talento casi super-humano de
Sammy Sosa y de su amigo Mark McGwire. Compitieron
uno contra el otro, persiguiendo historia y se animaron y
felicitaron a lo largo del camino, algo que raramente se ve
en ningún foro. El deporte de América se había convertido, otra vez, en una diversión para los fanáticos, una
diversión porque un chico amante del trabajo duro de
San Pedro de Macorís se había propuesto exaltar lo que
estaba haciendo a pesar de toda las distracciones que le
rodeaban. "Yo solo quería seguir trayendo gente a los
estadios y hacer que este deporte sea un poquito más

divertido". Creo que todos estamos de acuerdo en que Sammy ha logrado ésto y mucho más.

UNA CUESTIÓN DE RAZA

Quizás no sea sorprendente que la cuestión racial eventualmente entrara en una de las batallas deportivas más importantes de todos los tiempos. Uno de los principales motivos por los que esta rivalidad fue tan grande y pasará a la historia es precisamente por el racismo—es decir, por la falta del racismo. A pesar de las insinuaciones que el racismo había jugado una parte importante en el tratamiento de los dos toleteros, ellos mismos, junto con la gran mayoría de los fanáticos y jugadores, se han distanciado del tema y de esta forma han dado un buen ejemplo de lo que puede ser vivir en un mundo sin racismo.

Cuando McGwire rompió el 8 de septiembre de 1998 la marca de 61 jonrones impuesta por Maris en 1961, las celebraciones fueron dignas de un rey. Hubo una ceremonia posterior al juego durante la cual el Comisionado de las Ligas Mayores Bud Selig le entregó el Premio al Hecho Histórico. La familia Maris estaba allí y McGwire recibió un flamante Corvette rojo del año 1962.

La fiesta no fue tan elaborada cuando, cinco días más tarde, el 13 de Septiembre, Sosa anotó su 62 vuelacercas. Los festejos consistieron en dar tres vueltas alrededor del estadio Wrigley en los hombros de sus compañeros. La pelota no estaba ni marcada. No había Comisionado, ni coche, ni ninguna mención especial—solamente muchos aplausos, muchísimos aplausos.

La explicación de la diferencia entre las dos fiestas es clara para el que quiera escucharla. Los festejos se habían planeado para la persona que superara la marca jonronera de Roger Maris de 61, si hubiera sido Sosa él que la

hubiera superado se habría celebrado para él una fiesta similar. Todo estaba listo porque se esperaba el jonrón que rompería el récord—no importaba el jugador que lo consiguiera, que resultó ser McGwire. En cuanto a la pelota, el plan de las Ligas Mayores fue siempre marcar solamente dos pelotas: la que rompiera la marca de Maris y la que estableciera el nuevo récord. En ambos casos era McGwire el probable bateador. Sammy recibió su homenaje unos días más tarde en el estadio Wrigley, aunque para algunos escépticos era un poco tarde.

La amistosa rivalidad entre Sosa y McGwire se mantuvo a pesar de los rumores del distinto tratamiento. Ambos jugadores rechazaron la idea de que la raza tenía algo que ver con el supuesto tratamiento desigual. Sosa descartó sin rodeos la sugerencia de que se le había tratado injustamente por el color de su piel. "¿Qué? Venga hombre, es 1998", fue su respuesta. Opina que las grandes ligas le han tratado bien y está contento porque su compañero y amigo Mark pudo tener su momento de gloria. "Mark lo consiguió primero. Él es el hombre. Y yo estoy tan feliz de estar jugando en los Estados Unidos". Esto es clase, una lección para todos aquellos que estaban intentando inyectar el espectro del racismo en un momento de gran inspiración y alegría para la historia del béisbol. El agente de Sosa Tom Reich también negó los argumentos del racismo en nombre de Sammy. "Sammy no lo percibe así y nosotros tampoco. La atención que Sammy ha recibido ha sido inmensa".

Sammy Sosa no ha sido el único jugador que ha rechazado el supuesto tratamiento injusto debido a su raza. El embajador dominicano ante Naciones Unidas, Bernardo Vega, cree que las personas que piensan que Sosa fue menospreciado por el color de su piel están reaccionado a la cobertura periodística. "En nuestro país

la gente no siente que haya sido desairado. Pienso que es una percepción más de la prensa que de la gente en nuestro país".

De hecho nadie ha criticado a Sosa. Los fanáticos y los peloteros de diferentes razas y antecedentes reverencian su talento y la forma en que ha llevado la atención recibida y la relación con su rival. Sosa recibió una ovación de blancos y negros cada vez que visitaba un estadio hasta en San Luis, el estadio-casa de McGwire. Gente de todas las razas le vitoreaban y aplaudían por el éxito de este hombre, un dominicano que pasó de la pobreza a la riqueza.

Cualquier tono racial que se le quiera dar a esta demostración de talento y camaradería tendría que ser positivo—que las líneas raciales sé están eliminando, hasta borrando—debido a esa amable competencia y al comportamiento de los dos jugadores. Sammy Sosa y Mark McGwire representan dos diferente orígenes y razas y juntos durante un verano lograron unir el béisbol y a los seguidores de ese deporte, algo que individualmente nunca hubieran podido conseguir. Es precisamente esta combinación, un hombre blanco de clase media de los suburbios y un pobre limpiabotas de la República Dominicana alegrándose de las victorias del otro, esperando un empate y deseándose de veras suerte, lo que ha revitalizado el deporte del béisbol y unido a las naciones y a las razas en un abrazo sin colores.

Sólo se pueden aprender lecciones positivas de este dúo: dos hombres de circunstancias muy diferentes dándose el uno al otro una razón para animarse y sentirse orgulloso. 1998 fue una temporada de cuento de hadas, una temporada que dio y continua dando esperanza de una mejora en las relaciones entre las diferentes razas. El duelo jonronero peleado con tanto orgullo y con tanto respeto mutuo, es más grande aun que el cuadrangular 70

de McGwire. Se trataba del espíritu de competición y de respeto mutuo por un talento increíble y la apreciación del ser humano y de sus logros que unidos a la falta total de tensión racial lo hicieron todavía más inolvidable.

MAS ALLÁ DE LAS VALLAS

La historia de cada jonrón conectado por Sammy Sosa y por Mark McGwire no terminó con los vuelacercas y la llegada a la meta. Ese momento fue sólo el principio de la segunda parte de la pugna de los jonrones—la pelea por la pelota. Los esfuerzos por recuperar las pelotas con las que Sosa y McGwire batieron y establecieron nuevos récords han causado verdaderas estampidas y partidos de lucha libre. El espíritu de la competencia está viva en las gradas y en las calles, no solamente en el terreno de juego. Nunca en la memoria había habido tanta pasión y regocijo por un deporte y por la consecución de un récord, y nunca antes se había registrado tanta locura competitiva por recuperar las apreciadas pelotas jonroneras.

Aunque esto ha proporcionado momentos de diversión, este espectáculo nos ha mostrado lo mejor y lo peor de los incondicionales y de otros que han acudido al estadio intentando hacerse ricos. Hay ejemplos de la cordialidad y del amor al deporte como los que Sosa ha demostrado a lo largo de la temporada, y también hay otros menos recomendables de grupos mercenarios que se lanzaron a conseguir dinero sin importarles ni el deporte de pelota, ni la historia que se estaba haciendo en esos mismos momentos. Grupos de personas motivadas por la posibilidad de conseguir dinero rápido viajaron a los juegos de Sosa y McGwire queriendo apropiarse de la pelota a cualquier precio, no importaba cuál. Afortunada-

mente estos ejemplos fueron compensados por otras personas cuya apreciación y deleite en el juego van mas allá, y que intercambiaron unos recuerdos autografiados por la pelota que hizo historia.

La recuperación y repercusiones de la pelota con la que Sammy Sosa conectó su 62 jonrón, demuestra la mezcla de lo inspiracional con lo deshonorable. La pelota de Sosa aterrizó en la avenida Waveland, detrás de las gradas situadas a la izquierda del estadio Wrigley. Durante la pelea que se organizó después de que la pelota volara por encima de las gradas, un hombre fue volcado de su silla de ruedas y tirado al piso, mientas que un grupo de hambrientos seguidores perseguía la pelota. Afortunadamente no sufrió heridas de consideración aunque admite que "me pegaron fuerte". La pelota fue recuperada por un padre desempleado que la vendió a un coleccionista de recuerdos deportivos por $10.000. Y aquí viene la parte edificante, el coleccionista fue al estadio Wrigley con sus dos hijos pequeños y entregó la pelota a Sosa a cambio de dos pelotas autografiadas, un jersey y un bate. "Mis hijos le conocieron. ¿Sabes lo fenomenal que es que mis hijos hayan conocido a Sammy? Estos chicos eran tan fanáticos de Sammy Sosa que preferían conocerle a tener todo el dinero del mundo".

El jonrón 62 conectado por Sammy Sosa también despertó una bronca similar. La pelota de nuevo aterrizó en la avenida Waveland, desatando una pelea por la bola—una pelea que ha acabado en los tribunales. Un hombre alega que recogió la pelota pero que fue atacado por otros y que la perdió. Está demandando al que acabó con la bola. Mientras tanto el juez ha ordenado que se guarde la pelota bajo llave hasta que se decida este caso. Un par de jerseys y bates no son suficiente para este par de individuos.

Quizás lo más significativo del verano de 1998 y de la

pugna de los jonrones haya sido la recuperación y entrega
de la bola con la que Sammy conectó su jonrón número
63 en San Diego. Fabián Pérez Mercado, padre de dos y
empleado de una panadería en Tijuana, Méjico la recuperó. Su reacción fue gritar "Viva la República Dominicana, Viva Méjico, Viva el béisbol". Estaba alegre de
haber tenido la oportunidad de conocer a Sammy Sosa,
en su país adoran a Sosa como si fuera mejicano. "Todo
el mundo quiere a Sammy Sosa" dijo. "Vengo aquí a ver
un par de juegos cuando juega algún buen jugador latino.
Sammy es un ejemplo para todo el mundo en Latinoamérica".

Con su esposa y sus dos hijos pequeños, que dieron un
beso a la pelota, devolvió ésta a Sammy. A cambio, los
Cachorros entregaron al Sr. Mercado dos jerseys, dos
guantes de béisbol, un bate, dos pelotas y cinco gorras,
todas firmadas. También dieron al Sr. Mercado siete
boletos para los juegos de post-temporada con los Padres
de San Diego. Los Cachorros fueron los que quisieron
darle estos regalos a Mercado; él no pidió nada. A Sosa le
movió la lealtad de Mercado, calificándola de un honor y
diciendo, "Es sorprendente que viene a mí con toda su
familia y me entrega la pelota y obliga a todos a besarla
primero. Es algo inolvidable".

La pugna terminó y las pelotas jonroneras nos han
mostrado lo peor y lo mejor de la naturaleza humana.
Aunque los incentivos financieros pueden ser más importantes para algunas personas, nada puede justificar arro-
llar a gente impedida o salir en estampida pisando los
cuerpos caídos al suelo. Luchar por la apreciada bola
jonronera se puede comprender hasta cierto punto pero
no a cualquier precio. Afortunadamente los buenos
recuerdos perduran más tiempo y el de Pedro Mercado y
su familia, jubilosos de haber tenido la oportunidad de

conocer a uno de sus héroes y de besar esa pelota, durará más tiempo que cualquier pelea ocurrida.

CELEBRANDO A SAMMY

Las celebraciones al héroe que había roto el récord de 61 jonrones impuesto por Roger Maris tuvo lugar apropiadamente en el estadio Wrigley el 20 de septiembre de 1998, una semana después de que Sammy Sosa conectara su jonrón numero 62 en este mismo estadio. Los aficionados habían esperado demasiado tiempo para la celebración del "Día de Sammy Sosa" y el ambiente estaba electrificado. Las tribunas estaban llenas de fanáticos que portaban carteles en honor de su héroe. "21 Sammy, TÚ ERES el Hombre" decía una en el jardín izquierdo; "Sammy Para Presidente" decía otra. Miles de personas llenaban las calles alrededor del estadio y otras se asomaban por las ventanas y se subían a los palos de las banderas en un intento por ver mejor lo que estaba pasando dentro. Toda la zona, dentro y fuera del estadio, era un mar de banderas rojas, blancas y azules, la bandera de la República Dominicana, "Las Banderas de Sammy". Los fanáticos gritaban anticipando el merecido homenaje que rendirían a su héroe.

Toda la gente estaba allí para honrar a Sammy Sosa y para ser parte de una de las mayores celebraciones que ha tenido lugar en el estadio Wrigley en décadas. La madre de Sosa, Lucrecya, viajó desde la República Dominicana así como sus hermanos y hermanas; su esposa, Sonia, estaba sentada con sus cuatro hijos; Bill Chase, su padre sustituto también estaba allí; también viajaron sus otros familiares y amigos de la República Dominicana. Sammy estaba rodeado de lo que siempre ha sido lo más importante par él—su familia y sus amigos.

Representando al deporte de béisbol estaba el Comisionado Bud Selig, los seis hijos de Roger Maris, los Presidentes de las ligas Leonard Coleman y Gene Budig y, claro está, los miembros de la organización de los Cachorros, el mánager general Ed Lynch y el piloto Jim Riggleman. Hasta Michael Jordan estaba allí con sus hijos viendo la celebración desde una tribuna privada.

La madre de Sammy, su esposa y el resto de su familia miraban orgullosos a Sammy cuando se levantó calmadamente para recibir el homenaje por haber roto la marca de 61 jonrones impuesta por Roger Maris. Parte del homenaje fue la entrega a Sammy del trofeo otorgado por la Oficina del Comisionado al Logro Histórico. Selig agradeció a Sammy la forma tan digna como se había comportado. "Gracias sobre todo", dijo "por ser lo que has sido". También comparó a Sosa con otros grandes del béisbol. "Tu nombre estará por siempre unido al de Ruth, Aaron, Maris, Ernie Banks y Billy Williams".

El homenaje continuó con la lectura de una carta de felicitación del amigo y rival de Sosa, Mark McGwire. También recibió del lanzador dominicano miembro del Salón de la Fama, Juan Marichal, una placa de bronce quién además dio lectura a un mensaje del Presidente de la República Dominicana, Leonel Fernández Reyna. Hubo otros homenajes y al final los Cachorros regalaron a Sammy un automóvil Plymouth Prowler convertible con placas que dicen SAMMY 98.

Sammy Sosa por fin tuvo la oportunidad de dirigirse a todos aquellos que le habían apoyado a lo largo de toda la temporada y a lo largo de su carrera en Chicago. "Todo lo que hago en 1998, Chicago, te lo mereces. Me habéis apoyado un cien por cien". El homenaje de sus seguidores continuó, "Chicago, te quiero ... y a las tribunas del jardín derecho, también os quiero". Pasó a dar gracias a todos los presentes en la ceremonia y a sus

seguidores de todas partes, incluida la República Dominicana. Cuando finalizó, fue hacia su familia e intercam-
bió unas palabras con su esposa. Mortificado regresó al
micrófono y dijo, "Excúsenme, me olvidé de mi familia".
El encantador Sammy Sosa nos había conquistado de
nuevo. Terminó con una frase llena de humor: "El
béisbol se ha portado muy bien conmigo". Sammy dio
una vuelta de honor alrededor del estadio Wrigley,
agitando su gorra en reconocimiento a sus admiradores.
Su vuelta terminó en un abrazo con todo su equipo en la
mitad del estadio en una cuerpo enorme de amor y
respeto. La música latina, incluidos dos merengues escri-
tos en su honor, llenaban el parque de béisbol. Era el día
de Sammy.

El 20 de septiembre de 1998, el logro histórico de
Sammy Sosa fue reconocido por todo el mundo y
presenciado por sus familiares, amigos más íntimos y el
mundo entero antes del último juego en casa de los
Cachorros. Afortunadamente para los aficionados, y gracias al empeño de Sosa de meter a su equipo en el juego
de post-temporada, tendrían más oportunidades de ver
jugar a su héroe en 1998. Pero por ahora era el último
hurra. Fue una día que pasaría a la historia. El homenaje a
los logros de un hombre que había llegado muy lejos
pero que permanecía cerca de sus raíces. Fue una gloriosa
tarde que unió a todas las naciones y razas que celebra-
ban la grandeza de un atleta y al espíritu humano.

La esposa de Sammy, Sonia Sosa, sabía cuánto significaba este día para Sammy. "Estaba tan contento con el
homenaje. Estaba tan orgulloso de todo el mundo—
especialmente de sus seguidores aquí en Chicago. Estaba
tan contento de sus seguidores americanos y de los de la
República Dominicana. Está tan agradecido a todos". La
emoción y apreciación llenaron un estadio y una ciudad
el día cuando los fanáticos mostraron su orgullo y dieron

gracias al toletero Sammy Sosa, uno de los más grandes jugadores de béisbol de todos los tiempos.

LOS JONRONES DE SAMMY SOSA

NUM.	FECHA	OPONENTE	LANZADOR	N. BASE	INN	DISTANCIA
1	4 Abril	Montreal	Marc Valdés	0	3	371
2	11 Abril	en Montreal	Anthony Telford	0	7	350
3	15 Abril	en NY Mets	Dennis Cook (L)	0	8	430
4	23 Abril	San Diego	Dan Miceli	0	9	420
5	24 Abril	en Los Angeles	Ismael Valdés	0	1	430
6	27 Abril	en San Diego	Joey Hamilton	1	1	434
7	3 Mayo	San Luis	Cliff Politte	0	1	370
8	16 Mayo	en Cincinnati	Scott Sullivan	2	3	420
9	22 Mayo	en Atlanta	Greg Maddux	0	1	440
10	25 Mayo	en Atlanta	Kevin Millwood	0	4	410
11	25 Mayo	en Atlanta	Mike Cather	2	8	420
12	27 Mayo	Filadelfia	Darrin Winston (L)	0	8	460
13	27 Mayo	Filadelfia	Wayne Gomes	1	9	400
14	1 Junio	Florida	Ryan Dempster	1	1	430
15	1 Junio	Florida	Oscar Henríquez	2	8	410
16	3 Junio	Florida	Livan Hernández	1	5	370
17	5 Junio	Chi White Sox	Jim Parque (L)	1	5	370
18	6 Junio	Chi White Sox	Carlos Castillo	0	7	410
19	7 Junio	Chi White Sox	James Baldwin	2	5	380
20	8 Junio	en Minnesota	LaTroy Hawkins	0	3	340
21	13 Junio	en Filadelfia	Mark Portugal	1	6	350
22	15 Junio	Milwaukee	Cal Eldred	0	1	420
23	15 Junio	Milwaukee	Cal Eldred	0	3	410
24	15 Junio	Milwaukee	Cal Eldred	0	7	415
25	17 Junio	Milwaukee	Bronswell Patrick	0	4	430
26	19 Junio	Filadelfia	Carlton Loewer	0	1	380
27	19 Junio	Filadelfia	Carlton Loewer	1	5	380
28	20 Junio	Filadelfia	Matt Beech (L)	1	3	366
29	20 Junio	Filadelfia	Toby Borland	2	6	500

30	21 Junio	Filadelfia	Tyler Green	0	4	360
31	24 Junio	en Detroit	Seth Greisinger	0	1	390
32	25 Junio	en Detroit	Brian Moehler	0	7	400
33	30 Junio	Arizona	Alan Embree (L)	0	8	364
34	9 Julio	en Milwaukee	Jeff Juden	1	2	432
35	10 Julio	en Milwaukee	Scott Karl (L)	0	2	428
36	17 Julio	en Florida	Kirt Ojala (L)	1	6	440
37	22 Julio	Montreal	Miguel Batista	2	8	365
38	26 Julio	NY Mets	Rick Reed	1	6	420
39	27 Julio	en Arizona	Willie Blair	1	6	350
40	27 Julio	en Arizona	Alan Embree (L)	3	8	420
41	28 Julio	en Arizona	Bob Wolcott	3	5	400
42	31 Julio	Colorado	Jamey Wright	0	1	371
43	5 Agosto	Arizona	Andy Benes	1	3	374
44	8 Agosto	en San Luis	Rich Croushore	1	9	400
45	10 Agosto	en San Francisco	Russ Ortiz	0	5	370
46	10 Agosto	en San Francisco	Chris Brock	0	7	480
47	16 Agosto	en Houston	Sean Bergman	0	4	360
48	19 Agosto	San Luis	Kent Bottenfield	1	5	368
49	21 Agosto	San Francisco	Orel Hershiser	1	5	430
50	23 Agosto	Houston	José Lima	0	5	440
51	23 Agosto	Houston	José Lima	0	8	388
52	26 Agosto	en Cincinnati	Brett Tomko	0	3	438
53	28 Agosto	en Colorado	John Thomson	0	1	414
54	30 Agosto	en Colorado	Darryl Kile	1	1	482
55	31 Agosto	Cincinnati	Brett Tomko	1	3	364
56	2 Septiembre	Cincinnati	Jason Bere	0	6	370
57	4 Septiembre	en Pittsburgh	Jason Schmidt	0	1	400
58	5 Septiembre	en Pittsburgh	Sean Lawrence (L)	0	6	405
59	11 Septiembre	Milwaukee	Bill Pulsipher (L)	0	5	435
60	12 Septiembre	Milwaukee	Valerio de los Santos (L)	2	7	430
61	13 Septiembre	Milwaukee	Bronswell Patrick	1	5	480
62	13 Septiembre	Milwaukee	Eric Plunk	0	9	480
63	16 Septiembre	en San Diego	Brian Boehringer	3	8	434
64	23 Septiembre	en Milwaukee	Rafael Roque (L)	0	5	344

| 65 | 23 Septiembre | en Milwaukee | Rod Henderson | 0 | 6 | 410 |
| 66 | 25 Septiembre | en Houston | José Lima | 0 | 4 | 420 |

TIPO DE JONRÓN:

SOLO	2-C	3-C	GS
38	18	7	3

JONRÓN POR SALIDA:

1	2	3	4	5	6	7	8	9	10+
12	2	8	5	12	8	6	9	4	0

DIRECCIÓN JONRÓN:

IZQUIERDA	CENTRO	DERECHA
31	17	18

JONRONES POR MES:

ABRIL	MAYO	JUNIO	JULIO	AGOSTO	SEPTIEMBRE
6	7	20	9	13	11

LOS JONRONES DE MARK MCGWIRE

NUM.	FECHA	OPONENTE	LANZADOR	N.BASE	INN	DISTANCIA
1	31 Marzo	Los Angeles	Ramón Martínez	3	5	364
2	2 Abril	Los Angeles	Frank Lankford	2	12	368
3	3 Abril	San Diego	Mark Langston (L)	1	5	364
4	4 Abril	San Diego	Don Wengert	2	6	419
5	14 Abril	Arizona	Jeff Suppan	1	3	424
6	14 Abril	Arizona	Jeff Suppan	0	5	347
7	14 Abril	Arizona	Barry Manuel	1	8	462
8	17 Abril	Filadelfia	Matt Whiteside	1	4	419
9	21 Abril	en Montreal	Trey Moore (L)	1	3	437
10	25 Abril	en Filadelfia	Jerry Spradlin	1	7	419
11	30 Abril	en Chi Cachorros	Marc Pisciotta	1	8	371
12	1 Mayo	en Chi Cachorros	Rod Beck	1	9	362
13	8 Mayo	en NY Mets	Rick Reed	1	3	358
14	12 Mayo	Milwaukee	Paul Wagner	2	5	527
15	14 Mayo	Atlanta	Kevin Milwood	0	4	381
16	16 Mayo	Florida	Livan Hernández	0	4	545
17	18 Mayo	Florida	Jesús Sánchez (L)	0	4	478

18	19 Mayo	en Filadelfia	Tyler Green	1	3	440
19	19 Mayo	en Filadelfia	Tyler Green	1	5	471
20	19 Mayo	en Filadelfia	Wayne Gomes	1	8	451
21	22 Mayo	San Francisco	Mark Gardner	1	6	425
22	23 Mayo	San Francisco	Rich Rodriguez (L)	0	4	366
23	23 Mayo	San Francisco	John Johnstone	2	5	477
24	24 Mayo	San Francisco	Robb Nen	1	12	397
25	25 Mayo	Colorado	John Thomson	0	5	433
26	29 Mayo	en San Diego	Dan Miceli	1	9	388
27	30 Mayo	en San Diego	Andy Ashby	0	1	423
28	5 Junio	San Francisco	Orel Hershiser	1	1	409
29	8 Junio	en Chi White Sox	Jason Bere	1	4	356
30	10 Junio	en Chi White Sox	Jim Parque (L)	2	3	409
31	12 Junio	en Arizona	Andy Benes	3	3	438
32	17 Junio	en Houston	José Lima	0	3	347
33	18 Junio	en Houston	Shane Reynolds	0	5	449
34	24 Junio	en Cleveland	Jaret Wright	0	4	433
35	25 Junio	en Cleveland	Dave Burba	0	1	461
36	27 Junio	en Minnesota	Mike Trombley	1	7	431
37	30 Junio	Kansas City	Glendon Rusch (L)	0	7	472
38	11 Julio	Houston	Billy Wagner (L)	1	11	485
39	12 Julio	Houston	Sean Bergman	0	1	405
40	12 Julio	Houston	Scott Elarton	0	7	511
41	17 Julio	Los Angeles	Brian Bohanon (L)	0	1	511
42	17 Julio	Los Angeles	Antonio Osuna	0	8	425
43	20 Julio	en San Diego	Brian Boehringer	1	5	458
44	26 Julio	en Colorado	John Thomson	0	4	452
45	28 Julio	Milwaukee	Mike Myers (L)	0	8	408
46	8 Agosto	Chi Cachorros	Mark Clark	0	4	374
47	11 Agosto	NY Mets	Bobby Jones	0	5	464
48	19 Agosto	Chi Cachorros	Matt Karchner	0	8	398
49	19 Agosto	Chi Cachorros	Terry Mulholland (L)	0	10	409
50	20 Agosto	en NY Mets	Willie Blair	0	8	369
51	20 Agosto	en NY Mets	Rick Reed	0	1	385

52	22 Agosto	en Pittsburgh	Francisco Cordova	0	1	477
53	23 Agosto	en Pittsburgh	Ricardo Rincon (L)	0	8	393
54	26 Agosto	Florida	Justin Speier	1	8	509
55	30 Agosto	Atlanta	Dennis Martinez	2	7	501
56	1 Septiembre	en Florida	Livan Hernández	0	7	450
57	1 Septiembre	en Florida	Donn Pall	0	9	472
58	2 Septiembre	en Florida	Brian Edmondson	1	7	497
59	2 Septiembre	en Florida	Rob Stanifer	1	8	458
60	5 Septiembre	Cincinnati	Dennis Reyes (L)	1	1	381
61	7 Septiembre	Chi Cachorros	Mike Morgan	0	1	430
62	8 Septiembre	Chi Cachorros	Steve Trachsel	0	4	341
63	15 Septiembre	Pittsburgh	Jason Christiansen (L)	0	9	385
64	18 Septiembre	en Milwaukee	Rafael Roque (L)	1	4	417
65	20 Septiembre	en Milwaukee	Scott Karl (L)	1	1	423
66	25 Septiembre	Montreal	Shayne Bennett	1	5	375
67	26 Septiembre	Montreal	Dustin Hermanson	0	4	403
68	26 Septiembre	Montreal	Kirk Bullinger	1	7	435
69	27 Septiembre	Montreal	Mike Thurman	0	3	377
70	27 Septiembre	Montreal	Carl Pavano	2	7	370

8

•

UN MODELO PARA LOS DOMINCANOS Y OTROS

•

Los logros de Sammy Sosa junto con su muestra de confianza, humildad y dignidad han hecho de él un modelo a seguir no sólo para los oriundos de la República Dominicana sino para todos los latinos y muchas otras personas de otras naciones del mundo. Las cualidades de Sosa y el ejemplo que ha dado han trascendido tanto la raza como la cultura, dando esperanza a muchas personas, en especial a aquellas que viven en circunstancias parecidas a las que él vivió de niño. Sammy Sosa se comportó con gracia y buen humor durante toda la temporada a pesar de la intensa e inagotable presión. Y él es la inspiración para todas las personas que pueden ser pero que no tienen por qué ser víctimas de un estereotipo en Estados Unidos y alrededor del mundo. "No importa quién tú eres, lo bueno que sea, eres un ser humano. Me sucedió a mí y le puede pasar a otras personas por ahí fuera. Nunca me olvidaré de eso".

Del extraordinario talento y cualidades de Sammy se han percatado tanto sus colegas como sus seguidores. Juan Marichal, el actual Secretario de Deportes de la República Dominicana y antiguo jugador de béisbol recuerda su primera impresión de Sosa. "La primera vez que escuché hablar de Sammy fue hace unos diez años

cuando los buscadores de talento estaban hablando de él.
Le vi jugar en el equipo de los Dominicanos y se podía ver
su velocidad, su brazo. Ponchaba bastante pero por la
fuerza y forma con que pegaba a la pelota se vislumbraba
potencial de jonronero. Y la forma en que se comporta,
es un ejemplo de comportamiento para los niños".
Muchos admiradores traen a sus familias al estadio para
ver a Sammy precisamente porque personifica el talento
unido a la camaradería, algo que se encuentra poco a
menudo entre los atletas de hoy en día. Un aficionado de
los Padres de San Diego explicaba por qué llevaba a sus
hijos a los juegos de los Padres para ver jugar a Sammy.
"Les dije que Sosa tiene buen carácter y que es un gran
padre de familia y que es bueno para el juego de béisbol.
Es importante para los niños hispanos y para los niños de
todas las razas ver cómo un hombre como Sosa ha hecho
tanto por el béisbol. Proviene de un ambiente pobre y
trabajó duro para llegar a donde está".

Sammy Sosa también se distancia de otros estelares
atletas profesionales por la importancia que da a su
familia. A pesar de su tremendo éxito, Sammy no ha
olvidado lo que tiene más significado en su vida—su
familia. Es un ejemplo de lealtad y de devolver. Admite
que ha llegado a donde hoy está gracias al apoyo de su
familia y de muchos otros, y siente la necesidad de dar
algo a cambio. Le está más agradecido a su madre que a
nadie a quien muy a menudo expresa su aprecio y amor,
algo que el país puede atestiguar cuando le manda su
característico beso después de cada jonrón que conecta.
"Todo lo que he estado haciendo no es para mí, es para
mi madre. Cualquier cosa que hago, cualquier cosa que
Dios me ha dado, mamá es para ti".

Sammy toma su papel de padre seriamente, algo que
está relacionado con el hecho de haber crecido sin padre
lo que le impidió experimentar una niñez completa. Ha

mantenido bueno valores morales que inculca a sus hijos y está vigilante para que el éxito no lo malogre. Se compromete a mantenerse fiel a sus valores y creencias. "No quiero volverme engreído. Me crié con la religión y me da miedo pensar qué me podría pasar si hiciera eso". Fue esta auténtica modestia y humanidad la que ganó los corazones de tantos en 1998. Este "niño pequeño que quiere ser feliz todos los días" estaba dejando una huella más allá de la que su talento podía producir.

El impacto que Sammy Sosa ha tenido en individuos y en comunidades enteras se nota todavía más en su propio país, la República Dominicana y especialmente en su pueblo natal de San Pedro de Macorís. Con ambos, su talento y personalidad, se ha establecido como el ejemplo de todo un país. La Sosamanía anda suelta por las calles de la República Dominicana. El Presidente Leonel Fernández dijo de los logros de Sammy "Este ha sido el mayor triunfo deportivo de un atleta dominicano en toda nuestra historia. Felicitamos a nuestro Sammy Sosa en nombre del pueblo dominicano". Sammy trajo orgullo y dignidad a toda una nación. El orgullo que Sammy ha inspirado en la República Dominicana no tiene limites. La cadena de televisión estatal cambió su programación para que millares de dominicanos pudieran seguir el juego de su Sammy y horas antes del partido, millares de dominicanos se agolpaban alrededor de los televisores tanto en casas como en lugares públicos anticipando el próximo jonrón de Sammy. Cuando Sammy conectó su 62 jonrón, cientos de admiradores en San Pedro de Macorís se lanzaron a las calles y rodearon la casa de su madre para sentirse más unidos a su héroe. Sammy Sosa ha dominado los rótulos de todos los periódicos, sus seguidores pintaban en las ventanas el numero de jonrones—la Sosamanía se había apoderado del país.

Hasta la manera en que la gente contestaba el teléfono cambió. En lugar de contestar con una "Hola", se puso de moda contestar con "Sammy 64" o el numero que se anticipaba fuera el próximo jonrón.

Todo el mundo en la República Dominicana es consciente del impacto que la actuación de Sammy Sosa en 1998 y la forma en que se ha comportado han tenido en su país. Juan Marichal ve este impacto más notable entre la gente joven, en particular entre los jóvenes peloteros. En Sammy ven un modelo de trabajo duro y de triunfo y con esto tienen esperanzas para su propio futuro. Sus aparentes sueños imposibles se hacen realidad en la persona de Sammy Sosa.

En reconocimiento por el servicio brindado a su país, Sammy Sosa fue nombrado embajador honorario de la República. El Presidente de la Asociación de Jugadores Profesionales de Béisbol en la República Dominicana, Leonardo Matos Berrido, nombró a Sosa como el mejor jugador dominicano de todos los tiempos y por su espíritu y la imagen positiva que ha proyectado de su país en todo el mundo, el perfecto embajador.

El pueblo natal de Sammy en San Pedro de Macorís planea honrar a su héroe dedicándole una estatua delante del estadio de béisbol. Seguramente seguirán siendo honrado en los años venideros por esos compatriotas dominicanos que se mantienen tan cerca de su corazón, los que le vieron luchar y luego triunfar y que viven a través de él sus sueños y esperanzas.

La comunidad dominicana en los Estados Unidos ha compartido de igual forma la pasión creada por su héroe nativo. Casi medio millón de dominicanos viven en Nueva York y ellos también se llenaron de felicidad y orgullo por los logros de Sammy. Un residente de Washington Heights, un barrio de Nueva York donde viven muchos dominicanos, lo puso sucinto. "Ese hombre

es nuestro ejemplo". En los barrios hispanos de Chicago, Nueva York, Boston, Miami y otras tantas ciudades en los Estados Unidos, celebraciones espontáneas han sido comunes luego de cualquier cuadrangular de Sosa. Sus seguidores manejaban por las calles tocando sus bocinas y gritando "Sammy—sesenta y dos", y pintando con jabón en las ventanas de sus carros él ultimo jonrón de Sammy, su influencia estaba por todas partes. Sammy Sosa ha llenado a su gente y a sus comunidades con un orgullo que en cierta medida ha eclipsado los problemas de la vida diaria. Sammy ha hecho feliz a la gente y ha demostrado que sí que le puede pasar a cualquiera. La humildad y el talento de Sammy Sosa juntos proporcionan un ejemplo para los jóvenes y los atletas de todas partes, de todas las culturas y razas. Ha logrado lo que muchos héroes deportivos no han conseguido—volverse un ejemplo y un héroe que ha trascendido la raza. Esto es una inspiración para los latinos y para los africano-americanos que ven a alguien, con quien se pueden identificar, convertirse en una leyenda. Se pueden sentir bien de que Sammy haya roto las barreras en una sociedad que, por ejemplo, en su día puso poca atención a las estrellas de las ligas negras. Él es una buena influencia para los latinos y prueba que cuando se da una oportunidad, cualquiera puede triunfar, ya sea rico o pobre, negro o blanco, americano o no-americano. Él es un héroe para todas las Américas y lleva la bandera de todos los latinoamericanos. Sosa también lleva esa bandera en los Estados Unidos; se ha convertido en la fuerza unificadora de las comunidades hispanas que por décadas han sentido la frustración de las minorías que viven en los Estados Unidos. Todas se han juntado para alentar a *su* héroe.

Al contrario que otros astros del deporte que le precedieron, Sammy Sosa ha tocado muchas razas, culturas y

clases con sus logros, encanto y humildad. Y aunque muchas de las alabanzas que recibe se deben a haber superado la pobreza para convertirse en una de las figuras del deporte más queridas, se ha ganado cada gota por la clase y el calor que ha demostrado a lo largo de toda la temporada con todo el mundo, tanto con sus seguidores como con la prensa. Un hombre con clase, en una clase propia, el ejemplo de Sammy Sosa ha dado a su gente y a la gente de todo el mundo ánimo, fe y una razón para sentirse bien.

9
•
EL ESPÍRITU DE ENTREGA
•

Sammy Sosa impone un tipo de afecto que no tiene nada que ver con los récords o con el promedio de bateo. Él es un ejemplo por la forma de comportarse y de cómo se relaciona con todos los que le rodean, y donde esto es más visible es en las relaciones que mantiene con sus comunidades y con sus gentes. Sammy sabe que la ayuda y el apoyo que recibió le permitieron llegar a donde está hoy. Ahora disfruta de poder devolver algo a aquellos que lo necesitan, igual que lo necesitó él antes, y a aquellos que le apoyaron y ayudaron en su camino.

Sería fácil para Sammy Sosa continuar su vida e ignorar las condiciones contra las que él tanto luchó en su vida y a las personas que ahora están lejos de él. Sosa tiene una vida fabulosa y cómoda. Tiene tres casas—un condominio en el piso 55 de una torre en Chicago, una casa en Miami y una casa de invierno en Santo Domingo (quería más privacidad para su familia de la que era posible en su pueblo natal de San Pedro de Macorís) en la República Dominicana—donde vive con su esposa, Sonia, sus dos hijas, Keisha de cinco años, Kenia de cuatro, y sus hijos Sammy Jr. de dos y Michael de uno. La vida le sonríe a Sammy Sosa.

Pero las raíces de Sammy son tan profundas como su

lealtad. Sus valores no han cambiado, a pesar de la intensa cobertura periodística, la adulación sin límites que recibe y su rango de héroe. Sus visión es clara. Su familia y sus seguidores son tan importantes como antes. Mientras Sammy pueda, entregará sus dones y hará lo que sabe hacer mejor—hacer feliz a la gente.

El presidente dominicano Leonel Fernández señaló a todos los jugadores de béisbol dominicanos y a Sammy Sosa en particular como los mejores embajadores de su país. Sammy se ha tomado este papel muy en serio y ha proporcionado un modelo de comportamiento para su país y para Estados Unidos. Su espíritu de entrega no se limita a su país y además lo amplia a Estados Unidos y a su ciudad adoptiva de Chicago donde ha pasado la mayor parte de su carrera con las mayores. Al igual que su espíritu deportivo y su humildad han rebasado raza y nacionalidad, también lo han hecho sus actos de caridad. El espíritu de generosidad de Sammy Sosa es aún más visible en su país, la República Dominicana. A pesar de que ha pasado los últimos catorce años lejos de su país, su continuo compromiso y conexión con su gente están visibles en todo el país. Habiendo crecido sin el lujo de una niñez despreocupada y en condiciones difíciles, Sammy quiere ayudar a la juventud de su país para que también ellos puedan tener un futuro mejor. Cuando se enteró de que no había computadoras en los colegios de su país, menoscabando la calidad de la educación necesaria para poder competir a nivel mundial, Sammy regaló 250 computadoras a varios colegios en todo el país. Veintiuna de estas computadoras acabaron en su pueblo natal de San Pedro de Macorís. El Presidente Leonel Fernández calificó este gesto como "un gran aporte a la cultura y al desarrollo de la juventud dominicana".

Cuando los jóvenes jugadores de béisbol de San Pedro de Macorís no contaban con unas instalaciones para

desarrollar sus talentos y habilidades, Sosa les echó una mano, fundando una academia de béisbol que proporciona becas a jóvenes jugadores de familias necesitadas. Los talentosos jóvenes son reclutados por todo el país y aquellos con la suerte de ser aceptados reciben uniformes y equipo, nada de lo que no tuvo Sosa mientras crecía. A los jugadores también se les da casa, comida y entrenamiento. La participación de Sammy es activa y a veces hasta imparte las clases él mismo. Cinco graduados de la academia de Sosa ya han firmado con varios equipos de las grandes ligas.

"La Vuelta al Mundo de Sammy Claus" es quizás uno de los proyectos benéficos de más proyección. Iniciado en diciembre de 1997, este programa navideño entrega regalos a niños en colegios y hospitales de San Pedro de Macorís, Santo Domingo y en varias ciudades en los Estados Unidos. Sammy también está activamente involucrado en este proyecto y si está de regreso en la República Dominicana en Navidad, entrega muchos de los regalos personalmente.

Los otros obsequios de Sammy a su país natal demuestran su interés por ayudar a la República Dominicana a mejorar su nivel de vida. En 1996 construyó un edificio de oficinas y de comercios por valor de tres millones de dólares en San Pedro de Macorís, a unos pasos del lugar donde trabajaba de limpiabotas. A este proyecto lo llama muy acertadamente la Plaza 30/30 en honor a los 30 jonrones y 30 bases robadas que consiguió durante la temporada de 1993. Sosa dedicó este complejo a los niños limpiabotas de San Pedro. Delante del edificio hay una fuente con una estatua de Sammy Sosa en el medio. Las monedas que tira la gente en la fuente se destinan a los niños limpiabotas.

La Plaza 30/30 alberga varios negocios comerciales, incluyendo los de sus dos hermanas, una tienda de moda y

una peluquería. También hay una discoteca que se llama apropiadamente Club Sammy. Sammy sabe que si no fuera por la plaza habría mucho más hambre en San Pedro de Macorís y está dichoso de poder proveer con trabajo a algunas personas que no lo tendrían de otra forma. "Estoy intentado hacer todo lo que puedo. Muchas personas cuando consiguen dinero, lo despilfarran. Se olvidan del mañana. Estoy haciendo esto para cuando me retire del béisbol. Sé que no voy a jugar para siempre. Algún día voy a empaquetar todo y me voy de regreso a casa". La Plaza 30/30 de Sammy es un constante y alentador recuerdo a los habitantes de San Pedro de Macorís de que su héroe aunque esté lejos no se olvida de ellos.

La prueba más reciente de su preocupación y compromiso con su tierra natal fue su trabajo para ayudar a las víctimas del huracán Georges que arrasó su país el pasado mes de septiembre, destruyendo a su paso propiedades y dejando un saldo de muchos muertos. Afortunadamente la familia de Sammy, que había viajado a Estados Unidos para participar en el homenaje que se le rindió en el estadío Wrigley, se habían quedado allí con Sammy. Sammy dio gracias a Dios por esto pero estaba muy preocupado por la suerte de sus amigos y compatriotas en la isla. Realizó numerosas llamadas telefónicas para mantenerse informado de la situación. Sosa junto a sus compañeros y compatriotas Henry Rodríguez y Manny Alexander, que también es de San Pedro de Macorís, fueron al consulado dominicano la noche del sábado, 26 de septiembre, para ayudar a cargar camiones con comida y suministros para las víctimas del huracán en la República Dominicana. Sosa también ayudó a los damnificados del huracán a través de la Fundación Sosa, una organización que creó en julio de 1998 con el objetivo de conseguir dinero para los niños pobres de la República

Dominicana y del área de Chicago. Además Sosa anunció que subastaría una de las pelotas con que conectó su jonrón número 62 para conseguir más dinero para ayudar a las víctimas. Los pensamientos, plegarias y esfuerzos de Sammy estaban con su pueblo.

Sammy también ha ayudado a modernizar los servicios de emergencia médica de su país regalando una ambulancia al departamento de incendios de su pueblo que no tenía dinero para comprarla. Y siempre en su pensamiento está su madre a quien compró una casa nueva en San Pedro de Macorís. Sosa declaró durante su estancia en la República Dominicana, "Nunca olvidar de donde vengo. Éstas es mi genté. Estoy orgulloso de los Estados Unidos. Me han dado todo lo que tengo. Me han dado la oportunidad de ser Sammy Sosa. Pero tengo que recordar que ésta es mi gente, la gente que tengo que ayudar, la gente a la que tengo que conseguir trabajo. Ésta es mi vida".

El amor de Sammy Sosa por los Estados Unidos también ha estimulado su labor caritativa en este país. Su "Tour Mundial de Sammy Claus" tiene lugar en cinco ciudades: Washington, Filadelfia, Nueva York, Chicago, Miami. Al igual que en la República Dominicana, el programa hace que la época de Navidad sea más especial para los niños enfermos o sin medios trayéndoles regalos que de otra forma no recibirían.

En el área de Chicago, Sammy apoya a grupos de jóvenes jugadores de béisbol a través de los "domingos de Sammy". Sammy también compra entradas para los juegos de casa los domingos y los obsequia a los chicos del área de Chicago que normalmente no podrían ir a los partidos; este programa empezó durante la temporada de 1997. La mencionada Fundación Sammy Sosa también recauda dinero en la zona para el beneficio de los niños necesitados. Sosa dice "Esta fundación me da la oportu-

nidad de dar a los niños necesitados una oportunidad de lograr una vida mejor. Yo tuve la suerte de poder jugar béisbol. Quiero dar a los niños que lo necesitan la ayuda que precisan".

El espíritu de dar y de invertir en las comunidades que le son importantes es una razón por la que su atracción se ha extendido más allá de su país y de la zona de Chicago. Sammy extiende la mano a los demás cuando le sería fácil darles la espalda y gentes de toda las razas y procedencias aprecian este altruismo. Sammy es un ejemplo por sus cualidades atléticas, humanas y filantrópicas. Su entrega a los demás le convierten en un auténtico embajador de su país y en un embajador del espíritu humano.

10

•

LANZAMIENTO DE PRODUCTOS
EN EL HORIZONTE

•

Con la recién terminada temporada de 1998 y con el final de la extraordinaria pugna de los jonrones, empieza lo que debe ser para Sammy y su contagiante sonrisa, una post-temporada muy beneficiosa. Totalmente encantador la personalidad de Sammy brilla a través de cada sonrisa y beso que da a su madre y garantizan que se puede convertir en un promotor de productos. A las personas les encanta la gente como él, y lo quieren seguir viendo. Desde que irrumpió en los hogares de la nación en junio de 1998, conectando 20 jonrones en un sólo mes, los norteamericanos han sido conquistados por este amable dominicano de buena disposición.

Sammy Sosa tiene el potencial de convertirse en el Michael Jordan latino en el mundo de la promoción de productos. De acuerdo con el comentarista de radio Jerry Crasnick, de la estación de radio *Bloomberg News*, Sosa "está a punto de ir a donde no ha llegado todavía ningún jugador latino de béisbol—al país de los promotores de productos de fuerza". Su logro en la batalla de los jonrones además de su personalidad le han dado cobertura periodística nacional. Una estrella en la zona de Chicago por muchos años, su actuación en 1998 le ha dado justo el tipo de publicidad que se puede transformar

en campañas nacionales de publicidad. Algunos dicen que su acento puede impedir ofertas, pero ser latino puede darle ventajas. Bob Williams, presidente de la firma Burns Sports, una empresa de Chicago que empareja anunciantes con atletas, dice, "Sosa tiene la oportunidad de abrir los caminos para los atletas latinos. . . . Algo similar a lo que Michael Jordan y Muhammad Ali y otros han hecho por los atletas afro-americanos".

El agente de Sammy Tom Reich reconoce que hay ofertas sobre la mesa para que Sosa promocione productos a nivel nacional. El futuro de Sosa como promotor, de hecho, empezó a tomar forma en julio de 1998, cuando firmó un acuerdo con la empresa de Chicago Integrated Marketing Solutions (IMS), dándoles la exclusiva para buscar productos que promocione la estrella de los Cachorros de Chicago. IMS reconoce el atractivo de Sammy y está en proceso de concretar promociones a nivel nacional para Sosa. Mark Leonard, presidente de IMS, está convencido que Sosa estaría muy solicitado por las corporaciones que deseen promocionarse. "Lo quieren todos los aficionados de todo el país. Las compañías harían una inversión inteligente uniéndose a Sammy. En especial aquellas cuyo objetivo sea el mercado hispano. Además sólo tiene veintinueve años y el año pasado firmó un contrato a largo plazo con los Cachorros. Tiene un gran futuro por delante". El objetivo de IMS es unir el nombre de Sammy a unas pocas pero bien establecidas empresas.

A Sammy Sosa se le verá pronto en todas partes, promocionando algunos de nuestos productos favoritos a nivel nacional. Mientras tanto, ya se ha mojado los pies a nivel local y regional. Sammy se ha unido al gigante de la alimentación rápida McDonald's en una promoción conseguida por IMS. Sosa apareció en dos anuncios regionales—uno en inglés y otro en castellano—para la

cadena de comida rápida, promocionando su nuevas "Poderosas y Picantes Alas de Pollo". El anuncio se retransmitió durante tres semanas en Chicago y en el noreste de Indiana. El presidente de los propietarios de establecimientos McDonald's en la zona de Chicago y del noreste de Indiana se impresionaron con el talento natural de Sammy. "Es un actor innato—no tuvo que fingir. Pensamos que los anuncios han sido un éxito y esperamos trabajar con Sammy en el futuro". Una relación entre McDonald's y Sosa a nivel nacional parece estar a la vuelta de la esquina.

IMS también está negociando un arreglo entre Sosa y Bigsby & Kruthers, una cadena de tiendas de ropa de caballero en Chicago. Siguiendo los pasos de Michael Jordan, Dennis Rodman y Frank Thomas, la imagen de Sosa aparecerá pintado en un gigantesco mural en la autopista Kennedy, una de las carreteras más concurridas de esa zona, a finales de agosto. El mural tiene el número de jonrones que va consiguiendo Sammy. "Es como debe ser—en el mural de Bigsby & Kruthers Sammy aparece más grande que la vida misma".

El nombre de Sosa ya está unido a otro de los gigantes del comercio, MasterCard. Sammy protagonizará un anuncio de treinta segundos para MasterCard, como parte de la campaña de publicidad de esta empresa denominada "Priceless-62". En el anuncio Sosa y McGwire se enfrentan en la batallas para batir la marca de los 61 jonrones establecida por Roger Maris en una sola temporada. El anuncio capta el espíritu positivo de la competición.

Sammy también ha firmado un contrato con Sport Specialities. Este acuerdo requiere que Sammy comercialice tres gorras conmemorativas. La primera gorra tiene bordada la frase "A Season to Remember" y el autógrafo de Sammy. La gorra se puso a la venta a finales

de la temporada regular de béisbol. La segunda gorra será un "Homenaje a los Jonrones" y también incluirá el autógrafo de Sammy así como su número total de jonrones de 66. La tercera gorra es para "Coleccionistas" y estará disponible durante el entrenamiento de primavera de 1999.

Los productos a los que Sammy Sosa elija unir su nombre en el futuro, podemos estar seguros de que serán muchos. Bob Williams, presidente de Burns Sports, explica la forma de elegir un promotor. "Debe ser alguien que esté de moda y que sea único eso es importante y que pueda reportar beneficios a la inversión". Sammy Sosa parece dar la medida de esa definición y los grandes anunciantes están mirándole para que les ayude. Su popularidad y personalidad han trascendido la raza. Es el tipo de modelo que los padres quisieran para sus hijos, una estrella del deporte y un triunfador con una imagen positiva, sin drogas, y sin escándalos—en una palabra un hombre de familia. Él es lo que buscan los anunciantes— un héroe deportivo a quien los padres dan la bienvenida a sus casas. Sammy Sosa arrasa caminos—pronto se verá cuáles compañías tendrán la suerte de acompañarle.

11

SAMMY EL MÁS VALIOSO

El Cachorro de Chicago Sammy Sosa estuvo envuelto en dos reñidas competiciones durante la temporada de 1998 la carrera de los jonrones y el campeonato. La intensa cobertura que recibió la pugna de los jonrones podrían fácilmente haber distraído a Sammy de su otra meta llevar a su equipo a la post-temporada, donde no participaban desde 1989. Durante toda la temporada de 1998, Sammy Sosa se comportó como el héroe y ejemplo que es. Se mantuvo centrado, sin perder la vista de lo que era más importante, llevar a su equipo a la post-temporada. Por su habilidad de concentrarse en lo que está pasando, consiguió justo lo que se proponía.

La presión nunca fue un problema para Sammy Sosa, que conoció presiones mucho más grandes en su propio país de la República Dominicana. "La presión la sentía cuando era un limpiabotas tratando de triunfar en América". Por eso es que Sammy sabe manejar la presión como un campeón. Hasta cuando los jóvenes seguidores de los otros equipos le animan, los niños gritan su nombre y esperan un autógrafo y la prensa le persigue después de cada partido, Sammy conserva su sentido del humor, toma las cosas con calma y se divierte.

Los compañeros de Sammy han sido testigos todos los

días de su compostura, aún cuando la prensa espera conteniendo la respiración cualquier comentario, lo que fuera de Sosa. Jeff Blauser, el parada corta de los Cachorros se maravillaba ante la habilidad de Sosa de no decaer en medio de ese bombardeo de atención. "Cada día quieren algún comentario suyo. No importa si ha conectado un jonrón o no, no importa lo que haya dicho el día anterior. Cómo ha podido mantenerse centrado durante todo esto, no me lo explico". Y hablando del equipo añade, "Los chicos del club están impresionados con él todo el año. No sólo por lo que ha logrado en los estadios, aunque eso es increíble. No, los chicos no pueden creer qué bien ha llevado todo este asunto. Le pasa todos los días. Y nunca ha decaído".

Desde su creación en 1931, la definición del Jugador Más Valioso es la de "el valor de un jugador para su equipo". Nadie fue más valioso para su equipo que Sammy Sosa para los Cachorros de Chicago. Nunca perdió la vista de su meta ganar los juegos y llegar a la post-temporada—batir los récords no estaba primero en su agenda. Para ayudar a su equipo tenía que jugar para su equipo—no para sí mismo. Esto significaba no pegar vuelacercas aunque hubiera querido pegarles. Era un líder de su equipo, apreciado por su generosidad y por el ejemplo que daba.

Sammy Sosa es valioso por su extraordinario juego y su carácter admirable. Sosa nunca deja de apreciar a su familia, a sus amigos a sus seguidores. Siempre consciente de donde proviene y de quién le ayudó a llegar a a donde hoy está, Sammy extiende sus manos para ayudar a aquellos que más le ayudaron—modestamente, con gestos y actos caritativos. Sammy es valioso como un ejemplo a seguir para su gente, los latinos de todas partes y toda la gente joven que tanto precisan un modelo de

dignidad y generosidad, cualidades que las carecen hoy en día tantos deportistas.

Con los récords alcanzados y con las metas a largo plazo establecidas, la verdadera alegría de Sammy Sosa durante la temporada de 1998 fue el recorrido mismo. Un viaje intocable por rumores de injusticia racial, un viaje que unió a blancos, negros y latinos alrededor del mundo. El sorprendente talento, respeto y humildad que demostró a lo largo de toda la temporada impactó a todos su seguidores, ya sea en Chicago, como en otras ciudades de todo el país, u otros países alrededor del mundo. El piloto del hoyo de los Cachorros, Billy Williams, fue testigo de la actitud positiva que Sammy proyectaba a lo largo de toda la temporada. "Fue una temporada increíble y parece que decidió al principio que iba a disfrutar del viaje. Contestó todas las preguntas. A menudo con una carcajada. Se divirtió y creo que eso es lo que atrae a la gente. Admiro lo que ha logrado, cómo fue e hizo su trabajo". El valioso Sammy disfrutó claramente de su paseo, cada tramo del camino. Gracias Sammy Sosa por habernos dejado caminar contigo.

ESTADÍSTICAS DE SAMMY SOSA EN LAS LIGAS MAYORES

MARCAS CARRERA DE SOSA-BATEO
MEDIAS BLANCAS CHICAGO/CACHORROS CHICAGO

AÑO	CLUB	J	VB	A	H	2B	3B	J	I	BB	P	BR	PROM.
1989	Medias Blancas	33	99	19	27	5	0	3	10	11	27	7	.273
1990	Medias Blancas	153	532	72	124	26	10	15	70	33	150	32	.233
1991	Medias Blancas	116	316	39	64	10	1	10	33	14	98	13	.203
1992	Cachorros	67	262	41	68	7	2	8	25	19	63	15	.260
1993	Cachorros	159	598	92	156	25	5	33	93	38	135	36	.261
1994	Cachorros	105	426	59	128	17	6	25	70	25	92	22	.300
1995	Cachorros	144	564	89	151	17	3	36	119	58	134	34	.268
1996	Cachorros	124	498	84	136	21	2	40	100	34	134	18	.273
1997	Cachorros	162	642	90	161	31	4	36	119	45	174	22	.251
1998	Cachorros	159	643	134	198	20	0	66	158	73	171	18	.308

ANOTADAS (134): Acabó primero en la Liga Nacional. También superó la marca de 127 de las Ligas Mayores.

JONRONES (66): Batió el récord de Roger Maris de hacia 37 años. Terminó segundo en la clasificación.

IMPULSADAS (158): Terminó primero en la Liga Nacional. También quedó primero en las Ligas Mayores, superando la marca de 157 de la Liga Americana.

1998 ESTADISTICAS SPLIT—SAMMY SOSA

	Pro.	J	VB	A	H	2B	3B	J	I	BR	LR	BB	P	%B	SLG.
Total	.308	159	643	134	198	20	0	66	158	18	9	73	171	.377	.647
A la izquierda	.287	—	164	—	47	5	0	12	35	—	—	37	54	.418	.537
A la derecha	.315	—	479	—	151	15	0	54	123	—	—	36	117	.361	.685
Casa	.300	78	310	64	93	11	0	35	77	9	5	34	79	.366	.674
Fuera	.315	81	333	70	105	9	0	31	81	9	4	39	92	.387	.622
Nadie en base	.316	—	326	—	103	2	0	37	37	—	—	28	93	.372	.663
Corredores base	.300	—	317	—	95	18	0	29	121	18	9	45	78	.381	.631
Abril	.340	26	103	16	35	5	0	6	16	7	4	11	24	.404	.563
Mayo	.344	25	96	22	33	5	0	7	22	3	1	16	24	.426	.615
Junio	.298	27	114	25	34	2	0	20	40	0	2	6	27	.311	.842
Julio	.262	27	107	16	28	5	0	9	29	3	1	12	25	.336	.561
Agosto	.322	28	115	28	37	2	0	13	28	3	1	16	35	.406	.678
Septiembre	.282	25	103	26	29	1	0	11	22	2	0	12	35	.357	.612
Nadie en/fuera	.276	—	127	—	35	0	0	10	10	0	0	14	34	.352	.512
Pos. marca	.313	—	150	—	47	6	0	13	81	4	0	29	32	.413	.613
Pos.m/2fuera	.259	—	58	—	15	3	0	6	27	4	0	10	12	.368	.621
cta.0-0	.340	—	47	—	16	1	0	3	11	—	—	12	0	.475	.553
Después (0-1)	.285	—	288	—	82	7	0	33	66	—	—	12	100	.311	.653
Después (0-1)	.325	—	308	—	100	2	0	30	81	—	—	449	71	.415	.655
Dos ponches	.203	—	325	—	66	1	0	25	45	—	—	29	171	.267	.437

Contra Ari	.319	12	47	8	15	2	0	5	17	0	0	5	8		.377	.681
Contra Atl	.308	6	26	5	8	0	0	3		0	0	2	7		.357	.654
Contra Ch/A	.417	3	12	6	5	1	0	3	8	0	2	3	2		.5331	.250
Contra Cin	.255	11	47	8	12	1	0	4	11	0	1	1	20		.271	.532
Contra Cle	.000	2	9	0	0	0	0	0	0	0	0	0	2		.000	.000
Contra Col	.309	9	33	8	10	1	0	3	9	1	1	7	5		.415	.606
Contra Det	.333	2	9	2	3	0	0	2	2	0	0	0	2		.3331	.000
Contra Fil	.368	9	38	11	14	1	0	8	18	0	0	3	5		.3951	.026
Contra Fla	.289	9	42	7	12	2	0	4	13	1	0	2	12		.318	.619
Contra Hou	.354	11	48	8	17	1	0	4	7	3	0	1	14		.367	.625
Contra KC	.308	3	13	0	4	1	0	0	2	0	0	0	3		.308	.385
Contra LA	.200	9	30	6	6	2	0	1	3	2	0	7	10		.342	.367
Contra Mil	.378	12	45	18	17	0	0	12	18	3	0	9	11		.4811	.178
Contra Min	.167	3	12	1	2	0	0	1	2	0	0	1	4		.231	.417
Contra NY/N	.382	9	34	5	13	2	0	2	5	1	2	3	6		.432	.618
Contr Pit	.250	10	40	9	10	1	0	2	4	0	0	5	16		.333	.425
Contra SD	.351	9	37	6	13	2	0	3	10	1	2	4	9		.415	.649
Contra SF	.300	10	40	12	12	1	0	3	6	2	0	7	13		.417	.550
Contra San L	.318	11	44	10	14	1	0	3	8	1	0	10	12		.444	.425
Pre–J. Estrellas	.324	83	333	67	108	15	0	33	81	10	7	35	80		.384	.667
Post–J. Estrellas	.290	76	310	67	90		5	0	33	77	8	2	38	91	.369	.626

LA VELOCIDAD Y EL PODER DE SAMMY SOSA

AÑO	JONRONES	IMPULSADAS	B. ROBADAS
1993	33	93	36
1994	25	70	22
1995	36	119	34
1996	40	100	18
1997	36	119	22
1998	66	158	18

ESTADÍSTICAS DE LA CARRERA DE FILDEADOR DE SOSA

AÑO	EQUIPO	POSC.	J.	JC	OT	JR	A	E	DJ	%FILD.
1989	Tex-CHW	OF	52	46	100	94	2	4	0	.980
1990	CHW	OF	152	137	342	315	14	13	1	.962
1991	CHW	OF	111	76	226	214	6	6	0	.973
1992	CHC	OF	67	65	155	145	4	6	1	.961
1993	CHC	OF	158	153	370	344	17	9	4	.976
1994	CHC	OF	105	105	260	248	5	7	2	.973
1995	CHC	OF	143	142	346	320	13	13	4	.962
1996	CHC	OF	124	124	278	253	15	10	1	.964
1997	CHC	OF	161	161	349	325	16	8	1	.977
1998	CHC	OF	159	159	358	335	14	9	2	.975

MAS JONRONES EN UNA SOLA TEMPORADA

70	Mark McGwire	Cardenales de San Luis	1998
66	Sammy Sosa	Cachorros de Chicago	1998
61	Roger Maris	Yankees de Nueva York	1961
60	Babe Ruth	Yankees de Nueva York	1927
59	Babe Ruth	Yankees de Nueva York	1921
58	Jimmie Foxx	A's de Filadelfia	1932
58	Hank Greenberg	Tigres de Detroit	1938
58	Mark McGwire	A's de Oakland/Cardenales de San Luis	1997
56	Hank Wilson	Cachorros de Chicago	1930
56	Ken Griffey Jr.	Marineros de Seattle	1998

NOTAS

Capítulo 1: ESPN; *Chicago Tribune*, 9/21/98.

Capítulo 3: *Baseball Weekly*; ESPN.

Capítulo 4: *Los Angeles Times*, 9/24/98.

Capítulo 5: *Baseball Digest*, 9/98; *Vine Line* (Chicago Cubs' monthly publication).

Capítulo 6: *Sport*, October 1998; *New York Post*.

Capítulo 7: *San Francisco Chronicle; New York Daily News; ESPN: The Magazine*, 9/21/98; *USA Today; New York Times*, 9/17/98, 9/18/98; AP, 9/19/98; *Chicago Tribune*, 9/21/98.

Capítulo 8: ESPN; *New York Times*, 9/17/98; *El Diario, La Prensa*, 9/18/98.

Capítulo 9: AP, *Baseball Weekly*.

Capítulo 10: *Bloomberg News*, 9/22/98; Integrated Marketing Solutions, Inc.

Capítulo 11: *People*, 9/28/98; *Baseball Weekly*, 9/30/98–10/6/98.

Otras fuentes usadas en la investigación de este libro son:

Chicago Sun-Times.

Latino Baseball.

Olesak, Michael M. and Mary Adams Olesak. *Béisbol: Latin Americans and the Grand Old Game*, Grand Rapids, MI: Masters Press, 1991.

Ruck, Rob. *The Tropic of Baseball: Baseball in the Dominican Republic.* New York: Carroll & Graf, 1993.

Sports Illustrated.

SOBRE LA AUTORA

P. J. Duncan, reside en San Francisco y es la autora de las biografías de las estrellas latinas Jennifer López y Salma Hayek que próximamente saldrán al mercado. Escritora y traductora profesional tiene un interés especial por los artistas latinos así como por los deportes, Duncan es también la traductora, entre otras obras, de una biografía de Jimmy Smits.

ABOUT THE AUTHOR

P. J. Duncan, who lives in San Francisco, is the author of upcoming bilingual biographies on Latina stars Jennifer Lopez and Salma Hayek. A professional writer and translator with an interest in Latino entertainers as well as sports, Duncan is also the translator of a biography of Jimmy Smits, among numerous other translation credits.